*Begeisterung
für das Mögliche*

Zum Buch

Ihr Leben kann ein Kunstwerk sein. Es kann Ihre eigene Schöpfung werden, Ihre alltägliche Leidenschaft. Ihr Körper, Ihr Geist und Ihre Seele bieten Ihnen ungeahnte Potentiale für Glück und spirituelle Weiterentwicklung.
Jean Houston nimmt Sie mit auf eine faszinierende Phantasiereise. Sie führt Sie zu den vier Ebenen Ihres Seins: der Sphäre der Wahrnehmung, der Psyche, der Mythen und des Geistes. Auf dem Weg offenbaren sich Ihnen Ihre innersten Kräfte. Sie befähigen Sie, Ihr eigenes Leben in die Hand zu nehmen und im Einklang mit anderen Menschen und der Natur bewußt jeden Tag zu genießen. Nutzen Sie die schier unendlichen Möglichkeiten, die Ihnen Ihr Leben bietet.

Zur Autorin

Jean Houston hat als Autorin bereits mehrere Bestseller verfaßt. Sie ist als Lehrerin und Forscherin international anerkannt und berät unter anderem die UNICEF.

Jean Houston

Begeisterung für das Mögliche

Entdecken Sie Ihr inneres Potential

Aus dem Amerikanischen
von Thomas Bertram

Econ & List Taschenbuch Verlag

Diese Ausgabe entstand durch Vermittlung von
Jürgen P. Lipp und Jürgen Mellmann.

Econ & List Taschenbuch Verlag 1999
Der Econ & List Taschenbuch Verlag ist ein Unternehmen der
Verlagshaus Goethestraße GmbH & Co. KG, München
Deutsche Erstausgabe
© 1999 der deutschen Ausgabe by Verlagshaus Goethestraße
GmbH & Co. KG, München
© 1997 by Jean Houston
Titel des amerikanischen Originals: A Passion for the Possible
(HarperSanFrancisco, a division of HarperCollins Publishers, Ltd.)
Aus dem Amerikanischen übersetzt von Thomas Bertram
Umschlagkonzept und -gestaltung: HildenDesign, München – Stefan Hilden
Titelabbildung: HildenDesign, München
Redaktion: Dr. Nils Havemann, Mainz
Gesetzt aus der Minion, Linotype
Satz: Josefine Urban – KompetenzCenter, Düsseldorf
Druck und Bindearbeiten: Ebner Ulm
Printed in Germany
ISBN 3-612-18001-0

*Für Catherine Tatge,
Dominique Lasseur und
Kenneth Cavander,
Partner beim Möglichen,*

*und für Paula Perlis,
die Nahrung auf allen vier
Ebenen begreift.*

Inhalt

Einladung zur besseren Erkundung Ihres Ich   9

Eine Reise zu den vier Ebenen Ihres Seins   25

Auskosten der Sinneswelt   44

Besuch in der psychologischen Sphäre   84

Die mythische Reise   122

Die geistige Suche   156

Die tägliche Leidenschaft pflegen   185

Danksagung   187

Einladung zur besseren Erkundung Ihres Ich

Sie! Ich kenne Sie.
Sie glauben vielleicht nicht, daß ich Sie kenne, aber es ist so.
Sie sind eine Suchende. Ein Jungvogel, bereit, auf und davon zu fliegen. Sie spüren intuitiv, daß ein Potential in Ihnen steckt, mit dessen Erschließung Sie kaum begonnen haben. Sie sind eine Knospe, bereit zum Erblühen. Eine Puppe, die darauf wartet, sich in einen Schmetterling zu verwandeln.

Ich bin Ihnen im Supermarkt begegnet. Sie bändigten gerade zwei lebhafte Kinder und schoben einen vollbepackten Einkaufswagen vor sich her. Ich sah, wie Ihr Blick sehnsüchtig hinüber zum Bücherregal schweifte. Ihr Gesicht hatte den entschlossenen Ausdruck eines Menschen, der weiß, daß das Leben aus mehr besteht als aus Tiefkühlkost und laufenden Nasen.

Ich saß in 11 000 Metern Höhe im Flugzeug neben Ihnen. Sie erzählten mir, Ihr zwölfjähriger Sohn habe beim Baseballmatch am Vorabend als Werfer zwei Treffer kassiert, während Sie in einem Hotelzimmer anderthalbtausend Kilometer weit weg gewesen seien. Sie sagten, Ihr Traum sei es, Ihren Job als Vertreterin an den Nagel zu hängen und in Ihrer Heimatstadt eine Tischlerwerkstatt aufzumachen.

Ich hörte zu, als Sie mir davon erzählten, wie Sie Ihr schriftstellerisches Talent entdeckten. Auch wenn das Ergebnis all Ihrer Mühen bislang lediglich aus einer Kladde voller unveröffentlichter Geschichten und einem Schuhkarton voller Ablehnungsbriefe besteht, arbeiten Sie hart an einem Romanentwurf.

Ich bin Ihnen als junger Collegeabsolventin begegnet, der die

Welt offensteht. Ihr Kopf steckt voller Ideale und Träume, Sie bersten vor Fachwissen, aber noch sind Sie sich nicht im klaren darüber, wie Sie diese Energie nutzen sollen – ganz zu schweigen von der Rückzahlung des Studiendarlehens.

Sie kamen, um mir zu erzählen, wie man sich fühlt, wenn man Krebs überlebt hat. Sie sind am Leben und froh darüber. Ihr langjähriger Partner konnte die Krankenhäuser nicht ertragen und verließ Sie mitten in der Chemotherapie, aber Sie schlossen sich einer Gruppe Überlebender an und arbeiten nun daran, anderen Krebspatienten mit Rat zur Seite zu stehen.

Sie waren ungefähr die fünfzigste Frau in meinem Seminar, deren jüngste Tochter gerade aufs College gegangen war. Obwohl Ihr Mann sagt, »persönliche Erfüllung« sei ein Haufen Blödsinn, haben Sie sich für einen Abendkurs in Weltreligionen und zusätzlich zu meinem noch in mehreren anderen Seminaren angemeldet. »Jetzt bin ich an der Reihe«, sagten Sie zu mir. »Ich bin hier, um herauszufinden, was als nächstes kommt.«

Wer auch immer Sie sind, wie Ihr Leben auch aussehen mag, ich kenne Sie wie mich selbst. Wir stehen beide vor denselben Herausforderungen. Wir leben in der Zeit des weitreichendsten und schnellsten Wandels der Menschheitsgeschichte.

Die meisten von uns dürften fünf- bis fünfzigmal soviel Erfahrungen durchmachen wie unsere Vorfahren vor zweihundert Jahren. Vielen von ihnen war das Schema ihres Lebens von Geburt an vorgegeben. Sie wuchsen heran und wurden Bauern, Weber, Soldaten, Priester oder Mütter, die ein Kind nach dem anderen zur Welt brachten und begruben. Ob reich oder arm, Bauer oder Adliger, ihr Leben folgte den ewig gleichen Bahnen, innerhalb derer sich schon das Leben ihrer Eltern Generation um Generation bewegt hatte. Das Ganze hatte Vorteile, gewiß. Unsere Vorfahren wußten, wer sie waren und was sie ihren Kindern erzählen sollten; sie lebten in der beruhigenden Gewißheit der Eintönigkeit, und sie kannten es nicht anders.

Bis sich alles änderte. Es heißt, daß von 1945 bis heute genausoviel geschehen ist wie in den zweitausend Jahren vor 1945. Der uralte Fluch »Mögest Du in interessanten Zeiten leben« ist für uns Wirklichkeit geworden. Dies ist es – das interessanteste Zeitalter der Menschheitsgeschichte. Seit der Industriellen Revolution oder, um noch weiter zurückzugehen, seit wir das Leben der nomadischen Jäger aufgaben und als seßhafte Ackerbauern den Grundstein für Kultur und Zivilisation legten, ist der Menschheit nichts Vergleichbares widerfahren.

In unserem alltäglichen Leben spiegelt sich dieser Quantensprung in der Komplexität und Geschwindigkeit gegenwärtiger Erfahrungen. Die Tatsache, daß zu vieles zu häufig geschieht, trifft uns unvorbereitet und ungeschützt und sorgt für Verunsicherung. Wir sind die Menschen eines Übergangs; wir leben am Ende einer Ära, ohne daß die neue schon richtig begonnen hätte. Mancher von uns zieht sich vor dem Ansturm zurück. Wir flüchten in unsere Arbeit. Wir finden betäubenden Trost in Süchten oder starren Stunden um Stunden auf den Fernsehbildschirm. Zu viele von uns haben sich mit einem Leben in endloser Monotonie und dem zunehmenden Erlöschen unserer Leidenschaft für das Leben abgefunden.

Viele hingegen machen den Versuch, die bedeutsame Gelegenheit, die sich uns bietet, zu verstehen. In Zeiten des Übergangs wird die Saat der Zukunft gesät. Wir gehören zu den wichtigsten Menschen, die jemals gelebt haben. Von uns wird es abhängen, ob die Menschheit wachsen oder sterben, sich entwickeln oder untergehen wird.

Wie wappnen wir uns für solche Zeiten? Wie bereiten wir uns darauf vor, Verantwortung sowohl für den persönlichen als auch für den planetarischen Prozeß zu übernehmen? Niemand hat uns für diese Aufgabe ausgebildet, und die üblichen Rezepte und Notlösungen werden uns nicht weiterhelfen. Die Enge und Vertrautheit des globalen Dorfes, die atemberaubenden Folgen neuer Kenntnisse und Technologien machen uns zu Herrschern einer Welt, die bis auf den heutigen Tag meist uns beherrscht hat.

Das äußerst begrenzte menschliche Bewußtsein besitzt heute

eine Macht über Leben und Tod, wie sie einst im Mythos den »Göttern« gewährt wurde. Äußerst begrenztes Bewußtsein kann mit einem Knopfdruck den nuklearen Holocaust auslösen. Äußerst begrenztes Bewußtsein greift in den genetischen Code ein, mischt sich in die komplexen Abläufe in den Meeren und auf dem Lande ein und vernichtet durch Emission von Schadstoffen in die schützende Ozonschicht der Erde unzählige Pflanzen- und Tierarten. Äußerst begrenztes Bewußtsein hat in den vergangenen sechzig Jahren 100 Millionen Menschen getötet.

Äußerst begrenztes Bewußtsein beschert uns Regierungen, die für die kleinen Probleme des Lebens zu groß und für die großen Probleme zu kleingeistig sind. Äußerst begrenztes Bewußtsein wird mit den ethnischen Problemen, mit der Wut der Besitzlosen, dem Rausch des Konsums und geisttötender Substanzen, dem nackten Überleben auf diesem Planeten nicht fertig. Statt dessen bietet äußerst begrenztes Bewußtsein uns einen Flickenteppich von Lösungen an, wobei jede rasche Reparatur zehn neue Probleme aufwirft.

Welche Eigenschaften von Geist, Körper und Seele können diese Einschränkungen überwinden? Wie können wir uns sinnvoll darauf vorbereiten, Verwalter des Planeten zu werden, ausgestattet mit genug Begeisterung für das Mögliche, um einander partnerschaftlich durch die größte gesellschaftliche Umwälzung seit Menschengedenken zu geleiten?

In diesem Buch geht es um die Entdeckung und Entwicklung dieser Eigenschaften. Das Thema der folgenden Seiten ist unsere natürliche Fähigkeit, durch den stärkeren Gebrauch unserer angeborenen Potentiale ein Bewußtsein für das Mögliche zu entwickeln. Nur auf diese Weise sind wir der Herausforderung unseres Zeitalters gewachsen und können durch das gefährliche Fahrwasser steuern, das eine sich dem Ende zuneigende Ära von einer neuen trennt. Wie unerfüllt uns unser Leben auch erscheinen und wie gering unsere Selbstachtung auch sein mag, die Not der Zeit fordert Größe, und wir haben kaum eine andere Wahl, als auf das Leben zuzugehen.

Vielleicht denken Sie jetzt, dies sei eine unlösbare Aufgabe. Wir alle fühlen uns ungeeignet, wenn es darum geht, die Flut von Problemen zu stoppen, welche die Welt zu zerstören drohen, oder über unsere persönlichen Grenzen hinauszuwachsen. Dieses Gefühl ist mir wohlvertraut. Auch ich bin verzweifelt, wenn ich mir die Abendnachrichten anschaue oder morgens die Zeitung lese. Und ich weiß aus eigener Erfahrung, wie die Medien mit Blick auf eine verkaufsträchtige Story die Wahrheit der Dinge verzerren und dabei Leben und Karrieren zerstören. Ich selber spüre oft, wie wenig ich imstande bin, meiner Welt und meiner Epoche so zu dienen, wie ich es mir wünsche, bevor ich sterbe. Und ich fühle mich denjenigen unter Ihnen verbunden, die ebenfalls spüren, daß uns nicht mehr viel Zeit bleibt, wenn wir etwas anders machen und die Welt verbessern wollen.

Dann jedoch erinnere ich mich lebhaft daran – und ich bin sicher, Ihnen geht es genauso –, wie ich zum ersten Mal das Bild der Erde vom Weltraum aus sah. Der Anblick unseres im All schwebenden Planeten erweckte bei vielen Völkern der Erde etwas sehr tief in der menschlichen Seele Schlummerndes. Plötzlich wurde uns klar, daß wir zu einer viel größeren Einheit des Lebens und der Völker gehören. Nachdem wir dieses Bild unseres Zuhauses gesehen hatten, stieg der gesamte Planet in unserer Achtung, nicht nur der Erdteil, auf dem wir leben, oder unser Land. Allmählich begriffen wir, daß es nicht mehr länger angeht, daß ein Teil der Welt den Rest mittels wirtschaftlicher oder militärischer Stärke beherrscht.

Inmitten des Durcheinanders, das ein zu schneller Wandel mit sich bringt, ist ein außergewöhnliches Licht erschienen. Faktoren, die ihresgleichen in der Menschheitsgeschichte suchen, stehen bereit, uns zu helfen, damit wir mehr werden, als wir jemals geglaubt hatten, sein zu können. Wir erhaschen einen Blick auf die Ankunft einer planetarischen Gesellschaft im nächsten Jahrhundert, die das Ende uralter Feindschaften ankündigt und neue Wege zur Nutzung unserer gemeinsamen Humanität und ihrer unterschiedlichen Kulturen weist. In der Tat werden wir auf die Fähigkeiten der gesamten menschlichen Rasse und auf die besondere schöpferische Kraft jeder Kultur angewiesen sein, wenn wir unsere Epoche überleben wollten.

Das Studium kultureller Potentiale, ihre Sammlung und Auswertung, um sie anschließend in Erziehung und Gesundheitsfürsorge, zum Wohl der Gesellschaft und zur Persönlichkeitsentwicklung, bei der Arbeit, in Kunst und Kreativität zu nutzen, gehörte von jeher zu meiner Arbeit. Ich habe festgestellt, daß Herausforderungen, die in einer Kultur auftauchen, häufig durch Anwendung von Strategien gemeistert werden können, die in einer anderen Kultur entwickelt wurden.

Ein Stamm in Westafrika beispielsweise betrachtet Gemeinschaftsaufgaben auf eine Art und Weise, die wir erstaunlich fänden. Das Problem – sagen wir einmal, die Verbesserung der dörflichen Müllentsorgung – wird auf einer Dorfversammlung zur Sprache gebracht. Anschließend tanzen Menschen das Problem, besingen es, malen es in den Sand, schließen die Augen und stellen sich Lösungen vor, schlafen darüber und träumen davon, tanzen wieder ein wenig, und dann plötzlich – eine Lösung! Und auch noch eine sehr gute, weil Menschen mit unterschiedlichem Wissen das Problem auf mannigfache Art durchleuchtet und es von vielen verschiedenen Seiten betrachtet haben.

Wie armselig erscheinen im Vergleich dazu unsere endlosen Ausschußsitzungen und Positionspapiere! Warum versuchen Sie es eigentlich nicht irgendwann einmal? Wenn Sie eine Lösung für etwas suchen, das Sie angeht – sagen wir, der Schund, den das Fernsehen jeden Tag in die Köpfe Ihrer Kinder transportiert –, dann sitzen nicht einfach da und runzeln die Stirn. Tanzen und trommeln Sie das Problem, stellen Sie es sich bildlich vor, beschwören, zeichnen und singen Sie es. Und schauen Sie, was passiert.

Die Völker der Welt haben viele weitere gute und nützliche Ideen. Auf Bali erlernen Menschen künstlerische Fertigkeiten sehr rasch, indem sie zunächst zu erfühlen versuchen, was es heißt, ein komplizierter Tanz, eine Maske, eine Statue, ein Gemälde zu »sein«.

Erst danach drücken sie aus, was diese Dinge in physischer Form
»sind«.

Bei den Völkern der Inuit im nördlichen Kanada und in Alaska
erspürt der Mechaniker intuitiv den Weg zur Behebung eines
mechanischen Problems. Er schließt die Augen und durchwandert
im Geiste die defekte Maschine. Er verdankt diese visuelle Fähigkeit
seinem Volk, das gelernt hat, sich eine innere Karte mit den feinen
Details einer Landschaft einzuprägen, deren Konturen von einem
Augenblick auf den anderen im Schnee verschwinden können.

In der Türkei haben Derwische, deren wirbelnder Tanz eine
Form des Gebets ist, die Klänge und Bewegungen gefunden, die sie
in einen Zustand des Einsseins mit einem Gegenstand versetzen.

Auch wir im Westen steuern ein wesentliches Element zur
kommenden Weltkultur bei. Beim Aufstieg der Frauen überall auf
der Welt zu vollwertiger Partnerschaft mit den Männern in praktisch allen Lebensbereichen gehen westliche Frauen voran. Und
im Zuge der Gleichberechtigung der Frau werden Männer plötzlich frei zu entdecken, daß Bereiche, die oft als »weiblich« angesehen werden – Gefühle, Kindererziehung, Kooperation, Feiern,
Beziehungen –, in Wirklichkeit die Domäne aller sind. Ich persönlich halte dies für die folgenreichste Veränderung in der
menschlichen Geschichte.

Die großartige weibliche Denkungsart, die im Schoße einer vieltausendjährigen Vorbereitungszeit herangereift ist, siehe da, sie setzt
sich durch, und mit ihr vollzieht sich ein gewaltiger Wandel in unserer Art, Dinge zu handhaben.

Frauen betonen den Prozeß stärker als das Endprodukt; ihre
besondere Gabe ist es, den Zusammenhang der Dinge zu erkennen.
Aus weiblicher Sicht sind Beziehungen wichtiger als Endergebnisse.
Die Innenwelt spielt eine ebenso große Rolle wie die Außenwelt.
Staatsgeschäfte, Spiele, Erziehung, Arbeit, Gesundheit, die Gesellschaft selber orientieren sich an neuen Maßstäben, die der Fülle dessen, wer und was wir sein können, Rechnung tragen.

Dies ist eine enorme Veränderung, und wenn sie erst einmal

richtig in Gang gekommen ist, wird die Welt einen kritischen Punkt überwunden haben.

In der neuen Welt, die unmittelbar vor uns liegt, werden all diese individuellen Fertigkeiten und frischen Lösungen gebraucht werden, um den Gefahren einer von Technologien und Medien gesteuerten Welt die Stirn bieten zu können und sich ihrer Verheißungen zu versichern. Menschen und Ideen werden immer schneller miteinander verbunden werden. Dadurch wird eine neue Umwelt geschaffen – praktisch ein neuer Weltgeist.

Die Herausforderung liegt darin, herauszufinden, auf welche Weise unser begrenzter Verstand die daraus resultierende Informationsflut verarbeiten kann. Zu viele Menschen ertrinken bereits in der Informationsflut. Zurückgezogen von Freunden und Familien, vergeuden manche Stunden im Internet und stopfen sich den Kopf voll mit Trivialitäten, die ihnen den Blick für das Wesentliche versperren.

Andere wiederum haben im Netz Ideen und Gemeinschaften gefunden, die ihre Gedanken befruchten und ihnen Mut machen, sich an Projekte zu wagen, die sie niemals im Traum für möglich gehalten hätten. Ich habe von einem vierzehnjährigen Mädchen gehört, das von ihrem Zuhause in Neuengland aus das Internet nutzte, um beim Aufbau einer Bewegung zur Reinigung der Meere mitzuhelfen!

Es ist, als entstehe gerade ein weltweites Nervensystem. Jeder von uns ist eine Gehirnzelle in diesem System, mit Kräften, wie sie einst Königen vorbehalten waren.

Wie machen wir uns fit für ein Leben in einer vernetzten Welt, einer in stetem Wandel begriffenen Welt, einer Welt, in welcher das Unerwartete das Erwartete ist und der Zusammenbruch und Wiederaufbau alles Altvertrauten zum Alltag gehört? Wir wohnen einer gewaltigen Totenwache für eine Seinsweise bei, die seit Hunderten, ja Tausenden von Jahren die unsrige war.

Aber wir sind auch diejenigen, die weitermachen werden. Wir haben die einmalige Gelegenheit zur Entwicklung der menschlichen

Fähigkeiten, die wir benötigen, um das offene Zeitalter zu bewältigen, das auf unsere geschlossene Epoche folgt. Die gute Nachricht lautet, daß unser Körper und unser Geist mit einer außerordentlichen Reihe von Möglichkeiten und Potentialen ausgestattet wurden. Die schlechte Nachricht lautet, daß wir nur sehr wenige von ihnen zu nutzen wissen.

Es ist, als wären wir ein Musikinstrument mit einer Million Tasten, wir jedoch dudeln und klimpern nur auf ungefähr zwanzig von ihnen herum. Die wunderbare Musik in unseren Köpfen verschwindet größtenteils ungespielt und nie gehört.

Es ist, als lebten wir inmitten eines riesigen Gartens voller wundervoller Früchte und Gemüse und litten Hunger, weil wir lediglich die Käfer essen, die wir auf dem Erdboden finden.

Die Folgen einer solchen Schmalspurexistenz sind Frustration und Elend, der Schatten des Hasses und die drohende Apokalypse. Unsere gegenwärtige ökologische Katastrophe ist das Produkt des übermäßigen Gebrauchs der äußeren Welt und der schrecklichen Vernachlässigung der inneren Welt.

Wie es im gnostischen Evangelium nach Thomas heißt:

Jesus sagte:
Wenn ihr jenes in euch hervorbringt,
wird das, was ihr habt, euch retten.
Wenn ihr jenes in euch nicht habt,
wird das, was ihr nicht in euch habt, euch töten.*

In dieser Übergangszeit des Gesamtsystems können wir es uns nicht mehr länger leisten, ein Leben als Dämmerversion unserer selbst zu führen. Die Komplexität der Zeit fordert einen häufigeren und klügeren Gebrauch unserer Fähigkeiten, den vollen Einsatz der Mittel,

---

* Logion 70, zit. aus: Michael Fieger: *Das Thomasevangelium. Einleitung, Kommentar und Systematik,* Münster 1991, S. 201 (Neutestamentliche Abhandlungen, Neue Folge, Bd. 22).

die uns gegeben wurden. Nur wenn es uns gelingt, uns zu entwickeln, kann die Welt gedeihen. Die mögliche Gesellschaft kann nur Realität werden, wenn wir lernen, die möglichen Menschen zu sein, die wir sein sollen.

Ich fragte kürzlich meine Zuhörerinnen und Zuhörer, welche Fähigkeiten sie haben zu müssen glaubten, um mit dieser Herausforderung fertig zu werden. Eine Frau sagte, was sie am meisten bräuchte, sei Mut – Mut, neue Prioritäten zu setzen und mehr Zeit auf die Erkundung ihrer Persönlichkeit zu verwenden, statt die besten Stunden des Tages ihrer Arbeit und dem äußeren Erfolg zu widmen.

Eine andere erzählte, daß sie neue Strategien erlernen wolle, um die mannigfachen Aufgaben zu bewältigen, die auf ihr lasteten. Sie hatte einen Vollzeitjob, während sie sich gleichzeitig um Haushalt und Familie kümmerte, die Schulbank drückte, um ein Diplom in Sozialarbeit zu machen, und außerdem noch ihre alten Eltern versorgte.

Wieder eine andere sprach davon, Wege zu finden, angesichts ihres aufreibenden und geschäftigen Lebens bei bestmöglicher Gesundheit zu bleiben.

In der Pause kam eine Reihe von Leuten mit ihren Vorstellungen zu mir. Eine Frau sprach davon, daß sie einen Druck aus der Vergangenheit und einen Sog aus der Zukunft verspüre, all ihre Möglichkeiten zu verwirklichen. »Es ist, als ob meine Vorfahren es verlangten und meine Nachkommen es bräuchten.«

Ein Mann berichtete, sein sehnlichster Wunsch sei es, die Teile von ihm wiederzubeleben, die er habe verkümmern lassen.

»Welche zum Beispiel?« fragte ich.

»Zum Beispiel Erinnerungsvermögen, Imaginationskraft, Kreativität«, erwiderte er. »Ich habe mich so verausgabt, ich weiß gar nicht mehr, wer ich bin. Als junger Mensch steckte ich voller Träume und Ideen – so viele Ideen. Ein paar davon hätte ich gern zurück.«

Menschen sind nicht dazu bestimmt, sich mit einem Leben als

verhinderte, gehemmte Versionen ihrer selbst zufriedenzugeben. In der gesamten Geschichte und überall auf der Welt haben Menschen stets das Verlangen verspürt, mehr zu sein, eine Sehnsucht danach, die Membran des Möglichen zu durchdringen. Sie traten in Klöster und Geheimbünde ein, widmeten sich weltlichen und esoterischen Studien. Sie übten sich in der Kampfkunst, trieben Joga, Sport und Tanz und betätigten sich künstlerisch. Sie verließen Heim und Familie, um in Gefilde jenseits des Gewöhnlichen vorzustoßen, und begaben sich auf visionäre und geistige Expeditionen.

Diese Aktivitäten hängen ursächlich mit dem Menschsein zusammen. Es ist, als brodelten in unseren Genen katalytische Wirkstoffe, die regelmäßig mit evolutionären Substanzen aufplatzen und hervorsprudeln. »Es ist Zeit, nun aufzuwachen«, scheinen sie zu sagen.

Und so möchte ich Sie bitten, über folgendes nachzudenken: Wie wären Sie gern, wenn Sie heute anfingen, aus dem Rest Ihres Lebens das Beste zu machen? Wenn Sie einen kritischen Punkt überwunden hätten und erwachten?

Plötzlich sind Sie intensiv mit all der in Ihnen enthaltenen inneren Weisheit verbunden. In diesem Augenblick sind sie wacher und lebendiger, als Sie es im voraufgegangenen Halbschlaf vieler Jahre waren. Jeder Tag bringt neue Gedanken und Empfindungen oder interessante Variationen über alte. Neunzig Prozent von dem, was Sie denken und fühlen, ist nicht mehr länger dasselbe wie das, was Sie gestern dachten und fühlten, oder wie das, was Sie morgen denken und fühlen werden.

Viele Menschen, die wir gemeinhin als überlebensgroß bezeichnen, unterscheiden sich in erster Linie nicht deswegen vom Rest der Menschheit, weil sie tatsächlich größer an Geist und Seele wären, sondern weil ihnen der Rohstoff ihres Lebens zutiefst gegenwärtig ist, sowohl das, was in ihrem Inneren vorgeht, als auch das, was um sie herum geschieht.

Sie gebrauchen und genießen ihre Sinne mehr, sie bewohnen Körper und Geist mit wacher Aufmerksamkeit, sie erkunden die

Welt der Metaphorik und Imaginationskraft, sie rekapitulieren Erinnerungen, engagieren sich bei Projekten, welche die Welt noch einmal erfinden, nehmen das Leben ernst, aber lachen über sich selbst und versuchen andere so zu befähigen, wie sie selber befähigt werden möchten. Sie tanzen ganz einfach auf mehreren Hochzeiten. Und wenn sie schließlich im Sterben liegen, können sie sagen: »Das Leben war eine außerordentlich befriedigende Erfahrung.«

Meine Arbeit besteht darin, Menschen zu zeigen, wie man aufwacht, wie man Teile seines Ich bewohnt, die bislang leer und unerforscht geblieben sind. In der Bibel sagt uns Jesus: »In meines Vaters Hause sind viele Wohnungen.« (Joh. 14,2) Oben ebenso wie unten. In der Provinz der *conditio humana* gibt es unzählige Häuser, Apartments, Eigentumswohnungen, Zelte und sogar ein paar Villen, von denen viele jahrelang unbewohnt waren.

Wenn wir aus der Pappschachtel ausziehen, die wir Zuhause genannt haben, und unseren Wohnsitz an einem dieser phantastischen Orte aufschlagen, erfährt unsere Realität eine dramatische Erhöhung. Wir beginnen mit alltäglicher Leidenschaft zu leben. Die Dinge werden wirklicher. Farben und Formen, Vorstellungen und Beziehungen gewinnen mehr Intensität, mehr Energie und Struktur.

Mit dieser Schärfe einher geht die Motivation, »damit weiterzumachen«. Alte Blockaden lösen sich auf, während wir neue Seinsweisen entdecken, neue Formen, Dinge anzugehen – einen neuen Körper und einen neuen Geist.

Es ist Zeit zu erwachen!

Mein Freund Howard Jerome und ich haben einmal einen schwungvollen Song geschrieben, komplett mit Trommeln und Trompeten und einer aufsteigenden Melodie. In dem Lied versuchten wir, das ungenutzte Potential auszudrücken, das in jedem von uns schlummert. Der Song heißt »Du bist mehr!« Der Text geht so:

Du bist mehr, als Du vorgibst zu sein
Du bist mehr als all Dein äußerer Schein
Du bist mehr als Dein gesamtes früheres Sein
Schau inwärts, um zu entdecken
Welche Schätze in Dir stecken
Komm, sei der Mensch, der Du Dir wünschst zu sein...

Du bist mehr, als Dein Chef von Dir hält
Du bist mehr als Dein Beruf und Dein Geld
Du bist mehr, als der Du erscheinst vor der Welt
Die Verlierermaske weg, es reicht
Was vor Dir liegt, das schaffst Du leicht
Statt dessen frag Dich lieber, wer Du bist...

Du bist mehr als der Prediger lautes Geschrei
Du bist mehr, nur Mut, mach Dich frei
Du bist mehr, die Zeit der Zweifel ist vorbei
Steh auf, jetzt ist's genug
Mit jedem Atemzug
Drängt es den Gott in Dir zum Sein...

Du bist mehr als Knochen, Blut und Schleim
Du bist mehr als nur Dein Name allein
Du bist mehr als Dein Besitz und Dein Heim
Wach auf, daß Deinem Auge nichts entschwindet
Und sieh, was Dich und mich verbindet
Der Zauber in der Luft bist Du!

Du bist mehr als nur eine statistische Zeile
Du bist mehr als die Summe all Deiner Teile
Ganz tief in Dir drin bist Du mehr, drum eile
Du weißt, daß es wahr ist
Dies Wesen, das Du bist
Hat Wunder zu vollbringen
Glaube...

Glauben Sie mir, Sie sind mehr, in Ihnen steckt ein inneres Ich, ein wahres Ich, das sich nur entfalten kann, wenn Sie ihm Aufmerksamkeit schenken. Vielleicht betrachten Sie es einfach als das Fötus Ihres Höheren Ich, als evolutionäres Wesen, bereit, geboren zu werden.

Vieles von dem Drängen, das Sie in diesen letzten Jahren verspürt haben – das Hin und Her zwischen Verzweiflung und Anspannung, das Gefühl, in überholten Verhältnissen zu leben, die Hochstimmung vor dem, was noch nicht ist, die Angst, die Geborgenheit der alten Ära zu verlassen –, rührt von den Geburtswehen einer sozialen Evolution her, die uns erfaßt hat.

Die Geburt ist eine Reise. Die zweite Geburt ist eine ebenso große Reise. In vielen heiligen Schriften der Welt heißt folglich das wiederkehrende Thema: »Bevor Du nicht wiedergeboren wirst, kannst Du nicht ins Königreich eingehen...«

Neugeburt verlangt nach neuem Sein. Sie bedeutet die Anlage neuer Wege in den Sinnen, um die Neuigkeiten dieser bemerkenswerten Welt in sich aufzunehmen. Sie bedeutet die Ausweitung Ihrer Psyche, so daß ein größerer Teil von Ihnen bereit ist, Neues zu tun. Neugeburt fordert Sie zur Wahl einer klangvolleren, interessanteren Geschichte, gar eines neuen Mythos auf, wodurch Sie Ihr Leben begreifen. Und die Wahl verlangt von Ihnen, daß Sie anfangen, aus dieser Geschichte, diesem Mythos heraus zu leben. Vor allem aber verlangt sie, daß Sie Ihren alten und neuen Ursprung in Gott, im Geist haben – in der Liebe, welche die Sonne und alle Sterne bewegt.

Im nun Folgenden werden wir anfangen, nach diesen Wegen, Feldern, Geschichten und Ursprüngen zu suchen. Ich werde Ihre Führerin sein, Ihre Weggefährtin. Gemeinsam werden wir vier Ebenen des Ich bereisen, vier außerordentliche Welten, von denen jede ihre eigenen Schätze und Kräfte birgt.

Im Laufe jahrzehntelanger Forschung und Lehre habe ich festgestellt, daß alle Menschen über diese inneren Sphären verfügen, es jedoch nur wenige gibt, die eine mehr als nur flüchtige Bekanntschaft mit den inneren Schätzen gemacht haben. Den meisten sind nur die oberflächlichen Dimensionen vertraut, während sie die inneren Gebiete unerforscht lassen.

Doch es ist die Innenwelt, in der diese Sphären des Seins die größte Bandbreite, Vielfalt und Tiefe entfalten. In diesen Sphären schlummern verborgene Potentiale. In ihnen ruhen die Stoffe, um Geist und Körper neu miteinander zu verweben. Von dort erhalten Sie Marschbefehle für die ursächliche Bestimmung Ihrer Seele. Sie sind die Ausgangspunkte für Ihren Neuanfang!

Welches sind diese vertrauten, doch fremden Sphären?

Die zugänglichste ist die sinnliche, physische Sphäre, die Ebene des Körpers und der Sinne. Ihr am nächsten liegt die psychologische Sphäre, die Ebene der eigenen Lebensgeschichte und persönlicher Gefühle. Die dritte Ebene nenne ich die mythische und symbolische Sphäre, die Ebene der Geschichten und universalen Muster. Die tiefste, die geistige Sphäre, ist das Große Geheimnis, dem wir alle entstammen.

Bevor wir unsere Erkundung beginnen, möchte ich Sie darauf hinweisen, daß die Überzeugungskraft dieses Buches eine gewisse Lesepraxis voraussetzt. Die Technik, die ich im Sinn habe, ist nicht unvertraut. Bei der Lektüre von Romanen und Erzählungen ertappen wir uns häufig dabei, wie wir die geschilderten Charaktere und Ereignisse vor unserem inneren Auge Gestalt annehmen lassen und ihnen mit einem inneren Ohr lauschen. Ist das betreffende Buch besonders fesselnd, erscheint uns die erzählte Welt eine Zeitlang sogar realer als unsere »wirkliche« Umwelt.

Obwohl kein Roman, ist dieses Buch ein Abenteuer, das Ihnen die Rolle des bewußten Mitspielers in einem sich entfaltenden Drama abverlangt. Auf unserer gemeinsamen Reise durch die folgenden Seiten werde ich Ihnen des öfteren vorschlagen, über Dinge nachzudenken und Dinge zu tun, die Ihnen helfen können, Potentiale in jeder der vier Sphären zu erleben. Ich lade Sie ein, sich diese Dinge so lebhaft wie möglich vorzustellen, denn in der Imaginationskraft liegt der Schlüssel zu ihrer Entdeckung.

Sie werden in der Sphäre der Sinne reife Pfirsiche essen und über warme Strände wandern. In der psychologischen Sphäre werden Sie Mitgliedern Ihrer inneren Besatzung begegnen – dem Ältesten, dem Kind, dem Mechaniker, dem Dichter. In der Sphäre der Mythen werden Sie mit einer Reihe vertrauter Gestalten in eine längst vergangene Zeit zu einer weit entfernten Galaxis reisen. In der geistigen Sphäre schließlich werden Sie nach Hause zurückkehren zu dem, was und wer Sie wirklich sind.

Wir werden Wörter als Zauberstäbe benutzen, um das innere Ich Ihres potentiellen Seins wachzurufen. Gegen Ende des Buches werden Sie entdecken, daß Sie neue Seiten Ihres Ich, ein stärkeres Gespür für Ihr eigenes Wesen und eine Leidenschaft zum Ausleben Ihrer Möglichkeiten entwickelt haben.

Vielleicht müssen Sie sogar in den Spiegel schauen und sich sich selber neu vorstellen!

Wir wollen unsere Reise mit einem raschen Abstecher zu den vier Sphären beginnen, nur um ein Gefühl für die Beschaffenheit des Geländes zu bekommen. Danach werden wir eine ausgiebigere Entdeckungsreise in die verborgenen Bereiche und geheimen Seitenwege jeder Dimension unseres Seins unternehmen. Fertig? Dann wollen wir uns auf eine Erkundungsmission zu den vier Ebenen des inneren Raumes begeben.

Eine Reise zu den vier Ebenen Ihres Seins

Wodurch ist es manchen Menschen vergönnt, sich ihre kreativen Kräfte zu erschließen und in Musik, Kunst, Literatur und Wissenschaft Wunder zu vollbringen, während andere sich, ohne Verbindung zu ihrem inneren Schöpfer, verzweifelt und verwirrt abstrampeln?

Wodurch ist es manchen Menschen vergönnt, in jedem Problem »eine Gelegenheit in Arbeitskleidung« zu sehen, während andere sich vor den Herausforderungen, die auf sie zukommen, verstecken oder sich ihren Auswirkungen gegenüber taub stellen?

Ich habe einmal fünfundfünfzig der kreativsten Menschen Amerikas untersucht, Erneuerer wie Margaret Mead, Joseph Campbell, Linus Pauling, Jonas Salk und Buckminster Fuller. Jeder von ihnen behauptete über viele Jahre hinweg auf seinem Arbeitsgebiet, was Forschung und Entwicklung betraf, einen hohen Standard.

Ich stellte fest, daß diese kreativen Geister, obwohl von ihren Persönlichkeiten und Interessen her sehr verschieden, etwas Wichtiges gemeinsam hatten. Alle waren sie mit ihrer Innenwelt wohlvertraut und davon überzeugt, daß deren Ideen und Bilder ihre Projekte beflügelten. Jeder war zu einem Archäologen des Geistes geworden und betätigte sich als Hobbyforscher in der Höhle der inneren Inspiration.

Einige glaubten, das eingehende Studium der Tiefen ihres eigenen Seins sei wie der Kontakt mit Formen und Mustern der Schöpfung selber.

Ein Wissenschaftler am Rockefeller-Institut, der zu meiner

Untersuchung gehörte, sagte mir: »Ich habe manchmal das Gefühl, als erschließe sich mir dadurch Gottes Lagerhaus. Natürlich kenne ich mein Fach, und wenn ich dieses Lager betrete, stoße ich dort auf viele meiner eigenen Ideen und Vorstellungen, alle im Gewand von Symbolen und kostümiert, und das ist ein gewaltiger Spaß. Aber wenn ich tiefer vordringe, hat es den Anschein, als kämen die Ideen von irgendeinem anderen Ort. Nicht nur, daß sie großartiger und feiner sind, nein, gelegentlich übersteigen sie alles, woran ich je gedacht habe. Dann frage ich mich: ›Wer ist dieser Der, der daran gedacht hat?‹«

Ja, wer ist es? Ich habe lange über diese Frage nachgedacht. Und ich befinde mich dabei in vornehmer Gesellschaft. So sagte Franz von Assisi einst, daß der Schauende der sei, nach dem wir schauten.

Der bedeutende deutsche Mystiker Meister Eckehart drückte es noch deutlicher aus. Das Auge, durch das der Mensch Gott schaut, so Eckehart, sei dasselbe Auge, durch das Gott den Menschen schaut.

Wir sind keine »verkapselten Hautsäcke, die ein langweiliges kleines Ego mit sich herumschleppen«, wie mein verstorbener Freund Alan Watts es einmal so launig ausdrückte. Vielmehr ist jeder von uns eine kleine Welt, komplett mit Organismen und Umwelten. Diese kleine Welt – jedes menschliche Wesen – ist eingebettet in die größere Umwelt des Seins, die erstere sowohl enthält als auch nachahmt.

Unsere Körper sind aus dem Stoff von Sternen und den Mineralien der Erde. Unser Blut fließt genauso salzig wie die See, und wir selber sind lebende Planeten für Milliarden kleiner Lebewesen, Mikroorganismen, und wer weiß, für wen sonst noch. Unsere Gene sind eigene Universen, kodiert mit genug Informationen, um die Welt neu zu erschaffen.

Unsere Zellen enthalten die Erinnerungen an alle vergangenen Dinge – die Geburt der Sterne, die Entstehung des Lebens, die Erfahrung des Fisch- und Amphibium-, des Reptil- und frühen Säugetier-, des Affe- und Menschseins und den Lockruf, der heute von jenseits des Horizonts ertönt und uns auffordert, in das nächste Stadium unseres Werdens einzutreten.

Nun, vielleicht ist die »inwendige Natur« – der innere Spiegel jener Großen Natur, die das Universum auf seiner evolutionären Reise vorantreibt – der »Der«, der uns auffordert, mehr zu sein, als wir jemals glaubten, sein zu können. Physiker kennen diese Kraft als den »fremden Reiz«, das universale Prinzip, durch welches zunehmende Komplexität Schönheit hervorbringt. Das ist unser Lockruf hin zu einem Geschick, das unser gegenwärtiges Begriffsvermögen übersteigt.

Das, was wir Gott nennen, hat möglicherweise sehr viel großartigere Pläne mit uns vor, als wir uns je vorstellen könnten. Natürlich steht es uns frei, diese Pläne zu akzeptieren oder zu verwerfen. Wir haben die Wahl, gemeinsam mit dem Schöpfer schöpferisch tätig zu werden oder unser Erbe zu verleugnen und durchs Leben zu stolpern, bis es zu Ende ist.

Jeder von uns kennt Existenzen, die von allem, was dem Leben Lebendigkeit und Sinn verleiht, getrennt und isoliert zu sein scheinen. Möglich, daß wir selber sogar solche Leben gelebt haben. Es ist nicht so, daß wir tatsächlich vom Ursprung abgeschnitten wären. Wir leben nur einfach so, als sei dies der Fall, bis rings um unser Bewußtsein allmählich eine Festung aus Achtlosigkeit in die Höhe wächst.

Unsere Verantwortung – die Fähigkeit, auf die Herausforderungen, denen wir uns gegenübersehen, zu reagieren, unsere *Verantwortungsfähigkeit* – besteht darin, die Verbindung zu jenem größeren Ursprung wiederherzustellen, den wir manchmal göttlich nennen. Wenn wir das tun, dann verbinden wir uns erneut mit der Energie und dem Plan für ein tieferes Leben.

Wiederverbindung meint die Anlage von Wegen zum Ursprung, und zwar auf eine Weise, wie sie unseren individuellen Erfordernissen entspricht – durch Meditation, Gebet, ausgelassene Tänze, Waldwanderungen. Wir sind so verschieden wie Schneeflocken, und unsere Wege zum Ursprung spiegeln diese Verschiedenheit. Vielleicht zum ersten Mal in der Geschichte leben wir in einer Zeit, die jedem Menschen die Freiheit bietet, seinen eigenen Weg zu erkunden. Aber so wie ein neu angelegter Waldweg muß auch der Weg, den wir wählen, viele Male begangen werden, bevor er hilfreich und vertraut wird.

Der allsonntägliche Kirchgang ist eine althergebrachte Art der regelmäßigen Wiederverbindung mit dem Ursprung, so daß ein sonntäglicher Geist unsere Wochentage durchströmt. Der Buddhismus lehrt die Menschen, die auf dem Meditationskissen gewonnenen Einsichten auf jedes gewöhnliche Ereignis und Treffen anzuwenden. Die Sufi* lernen, ihre inwendigen Sphären – die *Alam al Mithal* – zu bewohnen, um das dort Gefundene der Welt draußen darzubieten. Am Ende werden die innere und die äußere Welt als untrennbare Teile der einen unteilbaren Realität erkannt, in der wir leben, uns bewegen und unser Sein haben.

Diese und viele andere Wege hin zu traditioneller Weisheit sind heute durch Bücher, Seminare und Rückzugsmöglichkeiten leicht zugänglich.

Angesichts einer derartigen Überfülle an Reichtümern überkommt manche von uns leicht die Versuchung, zu geistigen Dilettanten zu werden – sie halten sich bei den Vorspeisen auf, ohne jemals in den Genuß des kompletten Mahls mit geistiger Kost zu kommen.

Wir alle kennen »geistige Einkaufsbummler«, die sich durch einen Supermarkt voll traditioneller und nichttraditioneller Angebote kämpfen – hier eine katholische Messe, dort eine indianische Schwitzhütte, Sufi-Tanz, Kabbala-Studien mit einem Rabbiner, der *darsán* (Segen) eines hinduistischen Gastguru, ein paar Sitzungen mit einem Analytiker und Jungianer und ein Rückzug in die Meditation mit einem tibetischen Lama. Und noch immer sind sie ängstlich!

---

* Anhänger des Sufismus, der mystischen Frömmigkeit im Islam.

Es ist wichtig, die Formen und Übungen des inneren Lebens zu erforschen, aber wenn Sie erst einmal entdecken, was Sie wirklich zum Ursprung zieht, täten Sie am besten daran, es eine Zeitlang zu erkunden. Wirkliche Entwicklung stellt sich ein, wenn man auf einem authentischen geistigen Weg tief vordringt und ihm über sämtliche Belohnungen und Schwierigkeiten hinweg treu bleibt, statt wie irgendeine launische Honigbiene wahllos geistigen Blütenstaub zu sammeln.

Was auch immer Ihre Vorlieben oder Veranlagungen sind, ob Sie aus Südostasien oder Südwesttexas kommen, gleich welcher Kultur sie entstammen oder welchen Beruf Sie ausüben, in den folgenden Erkundungen werden Sie Mittel und Methoden finden, die Sie zum Ursprung führen. Auch wenn diese Exkursionen ins Innere Ihres Seins selber kein geistiger Weg sind, können sie Ihnen helfen, Ihren ureigenen authentischen Weg zu entdecken oder Sie intensiver mit dem von Ihnen bereits ererbten oder gewählten Weg zu verbinden.

Die Wiederverbindung mit dem Ursprung muß kein geheimnisvoller Prozeß sein. Nehmen Sie das folgende alltägliche Beispiel: Kürzlich mußte ich die Zugangscodes an meinem Satellitenempfänger erneuern und aktualisieren. Hätte ich keine neuen Codes installiert, wären die Hunderte von Fernsehsendern im Äther gesperrt gewesen, und ich würde jetzt nur sieben Kanäle empfangen.

Jeder von uns besitzt Zugangscodes zu den vielen Sendern seines Seins. Wir neigen dazu, ihre Aktualisierung zu vergessen und uns Tag für Tag dieselben alten Programme anzuschauen. Und doch sind die Realitätswellen, die uns durchfluten, voller außerordentlicher Geschichten und Ideen. Sogar eine Verbindung zum allerhöchsten Programm, der großartigsten Sendung im ganzen Universum, gibt es. Sobald wir die Zugangscodes erneuert haben, verschwinden die atmosphärischen Störungen, wir empfangen Botschaften des Ursprungs und werden neueingestellt und kodiert für das Leben, das uns bestimmt ist.

- Der Innenwelt, die diese Codes enthält, wurden mancherlei

Namen gegeben. Die heilige Theresia von Ávila bezeichnete sie als das innere Schloß. Der Trappistenmönch und Mystiker Thomas Merton sprach vom siebengeschossigen Berg. Psychologen reden über das individuelle und kollektive Unbewußte. Sind Sie ein Computertyp, dann schwebt Ihnen vielleicht der große innere Metacomputer vor. In dem Film *Der Zauberer von Oz** nennt Dorothy die Innenwelt »unseren eigenen Hinterhof«.

Meditierende und Mystiker, Heiler und Helfer, Visionäre und Schöpfer aus allen Schichten und Berufen haben immer schon die Wunder des inneren Raumes inspiziert. Daß Träume eine ungebrochene Faszination auf uns ausüben, zeugt von der unterhaltenden und belehrenden Kraft innerer Metaphorik. Stellen Sie sich nur einmal vor, wieviel nutzbringender es wäre, sich wach und bei vollem Bewußtsein mit den Möglichkeiten zur Erkundung unserer inneren Geographie vertraut zu machen.

In einem Haus gibt es viele Wohnungen. Entwicklung verlangt, daß wir uns in Räumlichkeiten häuslich niederlassen, die unser Bewußtsein bislang größtenteils unbewohnt gelassen hat.

In unserem Inneren schlummern so viele Realitäten, daß es unmöglich wäre, sie alle in diesem Buch zu erkunden. Um Ihren Appetit auf innere Abenteuerreisen anzuregen, werden wir uns auf die vier Hauptebenen konzentrieren, auf die ich jedesmal gestoßen bin, wenn ich Tiefensondierungen der menschlichen Psyche vornahm – auf die sinnliche, die psychologische, die mythische und die geistige Ebene.

Obwohl die Einzelheiten der Innenwelt hinsichtlich Inhalt und Gewichtung von Kultur zu Kultur verschieden sind, ähneln sich ihre Hauptmerkmale und grundlegenden Themen. In Workshops, die ich überall auf der Welt geleitet habe, bedienten sich Menschen dieser einfachen Techniken, um in sich die Leidenschaft für das Mögliche zu entfachen und einen größeren Teil von sich für die Schaffung einer besseren Welt einzusetzen.

---

* *The Wizard of Oz*, USA 1939, von Victor Fleming, mit Judy Garland als Dorothy.

Eine gebildete, kultivierte Frau in Indien benutzte diese Methoden zur Errichtung eines Zentrums, in dem Frauen der Parias, der Unberührbaren, Kenntnisse sammeln, Fertigkeiten erlernen, Selbstachtung und eine Arbeit finden. Eine von diesem Beispiel ermutigte Texanerin schuf etwas, das sie einen »Hörbaum« nennt, wo Menschen gründlich angehört und sodann angeleitet werden, viel mehr zu werden, als sie bislang zu sein dachten. In Burma versuchen ein katholischer Priester und ein buddhistischer Mönch, mit vereinten Kräften eine freiere Gesellschaft zu schaffen.

Sie können die Techniken, die ich anbiete, Ihren eigenen Überzeugungen und Vorlieben entsprechend variieren. Das Prinzip, das für meine ganze Arbeit gilt, lautet: »Sei kreativ«. Finden Sie neue und bessere Wege, um das durchzuführen, was ich vorschlage. Ihre innere Klugheit weiß, wie das zu bewerkstelligen ist. Machen Sie meine Methoden zu den Ihrigen.

Einige der Methoden, die ich vorschlage, werden Ihnen sehr vertraut vorkommen. Andere mögen Ihnen seltsam erscheinen. Alles, was Sie tun müssen, ist, sich die Erlebnisse und Sinneseindrücke, die ich vorschlage, so lebhaft wie möglich vorzustellen. Auch bitte ich Sie, sich bei der Lektüre besonders anzustrengen, Ihre Aufmerksamkeit und Konzentration zu bündeln.

Da gedruckte Worte Sie auf dieser inneren Reise führen, mögen Sie es ab und an für nützlich halten, die Augen zu schließen, nachdem Sie einen Vorschlag gelesen haben, so daß Sie die Sphäre, die Sie untersuchen, ausgiebiger erkunden können. Sie werden rasch lernen, sich in der inneren Welt mit ebenso wachem Verstand zu bewegen, wie Sie es häufig in der äußeren Welt tun.

Natürlich können Sie die Augen auch die ganze Zeit über geöffnet lassen. Probieren Sie beide Möglichkeiten aus und schauen Sie, was Ihnen am angenehmsten ist. Auch wenn Sie die von mir geschilderte Welt nicht auf Anhieb erleben, tun Sie so, als ob. Das hilft der Imaginationskraft häufig auf die Sprünge.

Sind Sie soweit? Dann wollen wir anfangen.

Stellen Sie sich bitte vor, Sie kletterten über einen gewundenen

Pfad einen kleinen Berg hinauf. Sie riechen die Kiefern, spüren das Knacken der Blätter und Kiefernnadeln unter den Füßen. Sie hören von überall her Vogelgezwitscher und das Rauschen des Windes in den Bäumen. Fetzen blauen Himmels und scheckiges Sonnenlicht brechen durch die Öffnungen in den Baumwipfeln. Ein kalter, klarer Bach plätschert hügelabwärts, und Sie schöpfen mit der Hand ein wenig Wasser, um Ihren Durst zu stillen.

Nehmen Sie all diese Dinge bewußt in sich auf und setzen Sie den Marsch auf dem Pfad fort, der Sie um den Berg herum nach oben führt.

Jetzt hören Sie einen mächtigen Schrei, schauen nach oben und sehen, wie über Ihrem Kopf ein Adler, auf den Luftströmungen reitend, seine Kreise zieht. Sie nehmen dies als gutes Zeichen, und obwohl Sie vielleicht ein wenig müde werden, folgen Sie dem gewundenen Pfad unverdrossen immer weiter den Berg hinauf.

Sie erreichen den Gipfel, wo der Berg sich beinahe zu einer Spitze verengt. Hier entdecken Sie eine flach auf dem Boden liegende Steinplatte mit eingravierten Symbolen. Möglich, daß die Zeichen im Augenblick für Sie nicht lesbar sind, aber vielleicht übermitteln sie Ihnen später irgendeine Botschaft. Sie haben den Eindruck, als verberge die Steintafel etwas. Mühsam wuchten Sie die Platte hoch und drehen sie auf die Seite.

Sie sehen jetzt einen Zugang zum Inneren des Berges, gerade groß genug, sich hindurchzuzwängen. Sie klettern hinein und finden sich beinahe augenblicklich auf einem anderen Pfad wieder, der Sie im Berginnern in Windungen hinab in die Tiefe führt. Obwohl es ein sonderbarer Ort ist, kommt er Ihnen schon bald sehr vertraut vor. Genau so sollte es sein, denn dieser Ort ist das Zuhause all dessen, was Sie sind oder sein könnten.

Obwohl es dunkel hier drinnen ist, strahlt von den Wänden ein schwaches Licht ab, das Ihnen erlaubt, zu sehen. Als Sie dem Pfad weiter nach unten folgen, bemerken Sie eine Tür in der Wand, die erste, die Sie hier unten erblicken. Eine glänzende Messingtafel weist sie als die Tür zum Reich der Sinne aus.

Angezogen von den interessanten Gerüchen, die von der Tür auszuströmen scheinen – nach Zimt, Lavendel und heißem gebutterten Popcorn –, treten Sie näher. Sie stellen fest, daß die Täfelung der Tür aus verschiedenen sinnlichen Genüssen besteht. Eine Füllung besteht aus Schokoladen-Mousse. Bedienen Sie sich ruhig mit den Fingern, wenn Sie mögen. Eine weitere ist ein Flickwerk interessanter Gewebe – Samt und Seide sowie die Rinde eines Baumes. Von einer weiteren tönt es, als spiele dort eine Rockband.

Natürlich sind diese Sinneseindrücke nur Vorschläge. Ihr sinnlicher Türeingang besteht möglicherweise aus anderen Geschmacksnoten und Klängen, Anblicken und Gerüchen. Wir wollen die Tür jetzt öffnen und sehen, was sich dahinter verbirgt.

Ein Rausch von Farben! Ein Schauer von Klängen! Jeder Sinneseindruck ist so frisch und schwingend, daß es den Anschein hat, als beträten Sie die Welt am ersten Tag der Schöpfung. Die Musik riecht nach Blumen. Düfte umfangen Sie, Sinfonien aus Blüten, Parfüm und Gewürzen.

Sie erleben Dinge so, wie Sie sie niemals zuvor erlebt haben. Ein Blick in die Windung einer Blume trägt Sie hinab in die Spirale ihrer Entwicklung, bis hinunter zu ihrem ursprünglichen Samen. Berühren Sie einen Baum und spüren Sie durch die Fingerspitzen hindurch seine lebendige Gegenwart, die Fotosynthese in den Blättern, wie sich langsam seine Wurzeln in den Boden graben.

Ein Tablett mit erlesenen Kristallpokalen erscheint. Jeder ist mit einer Flüssigkeit gefüllt, die in einer bestimmten Farbe schillert. Jede Farbe ist ihr ureigenstes Wesen. Während Sie die Elixiere aus dem blauen, dem gelben, dem grünen, dem lilanen, dem orangefarbenen und dem violetten Pokal trinken, erleben Sie das Sein dieser Farben, erleben Sie, was es heißt, blau und gelb und grün und lila und orange und violett zu sein.

Im Weitergehen bemerken Sie, daß Sie elastischer geworden sind. Ihre Bewegungen sind fließend und anmutig, weil jeder Muskel, jedes Gelenk und jede Zelle sich ihrer optimalen Form erinnert haben. Es bereitet Ihnen Freude, in Ihrem Körper zu sein.

Sie werden zu allem hingezogen, was vor Ihnen liegt – zu Scharen prächtiger orangefarbener und schwarzer Monarch-Wanderfalter (*danaus plexippus*) und zu zeitlosen, elegant drapierten Weiden, zu einem alten Felsbrocken, einem murmelnden Bach, zu einer Laube aus saftigen, lilafarbenen Trauben. Sie sind von Licht umflutet, das sich liebevoll anfühlt, und diese Empfindung von Liebe spiegelt sich in allem, was Sie erleben – einem nebligen Tagesanbruch, dem Schwarz der Kerne im Fleisch einer Wassermelone, dem salzigen Geruch einer Meeresbrise.

Schließen Sie die Augen und nehmen Sie Verbindung zu der Welt sinnlicher Erinnerung und Imaginationskraft auf, die in Ihnen schlummert. Schlagen Sie andere Wege ein, probieren Sie alte und neue Szenarien aus, entdecken Sie die köstlichen Wunder, die dort Ihrer harren. Eine besondere Art von Glück stellt sich ein, während Sie die riesige Sinneswelt entdecken, die Sie besuchen können, ohne überhaupt irgendwo hingehen müssen.

Es ist an der Zeit, zu einer weiteren Ebene der Innenwelt aufzubrechen. Doch seien Sie versichert, daß Sie zur Sphäre der Sinne zurückkehren und sie weiter erkunden können, wann immer Sie möchten. Aber nun wollen wir diese Sphäre verlassen, indem wir durch die sinnliche Tür zurückgehen und sie hinter uns schließen.

Wieder zurück auf dem gewundenen Pfad, streichen Sie mit ausgestreckten Händen an den Wänden entlang, während Sie dem Pfad weiter nach unten folgen, tiefer und tiefer hinab in das Innere des Berges.

Plötzlich sehen Sie einen Lichtschimmer. Vor Ihnen liegt ein weiterer Türeingang. Seine blanke Oberfläche ist ein Spiegel. Es ist der Eingang zum Reich der Psyche, zur psychologischen Ebene – der Welt individueller und kollektiver Erinnerung und Empfindung.

Sie treten näher. Zuerst macht der Spiegel durchaus einen gewöhnlichen Eindruck, aber dann löst das Spiegelbild sich auf, und Sie sehen Bilder von sich in verschiedenen Lebensaltern – als Baby, als Kind, als Teenager, in Ihrem augenblicklichen Alter und sogar noch sehr viel älter.

Der Spiegel trübt sich und wird wieder klar.

Nun erblicken Sie sich zu anderen Zeiten der Geschichte, vielleicht sogar in anderer körperlicher Gestalt: als Inuit neben seinem Iglu; als hochgewachsene Afrikanerin, die einen großen Wasserkrug auf dem Kopf balanciert; als Renaissance-Prinz am Hof der Medici; als japanischer Samurai-Krieger; als ägyptische Priesterin in einem Untergewand aus Leinen und mit schwarzer Perücke; als Beduine im Kapuzenmantel, das Gesicht verhüllt, zum Schutz vor dem Wüstensand; als Frau eines Pioniers in einem Planwagen.

Schauen Sie weiter in den Spiegel, um zu sehen, welche Gestalten vor Ihnen auftauchen...

Jetzt öffnen Sie die Spiegeltür und treten ein. Ein kleines Stück wegabwärts stoßen Sie auf einen stillen, von Laubwerk umsäumten Teich. Es ist der Teich der Erinnerung. Kindheitserinnerungen steigen aus den Wassern auf – Lieblingsspeisen, Freunde, Spiele, Ausflüge, besondere Freuden, Eltern, Lehrer, Haustiere. Erinnerungen an spätere Zeiten in Ihrem Leben – als Sie zum ersten Mal verliebt waren. Eine kürzliche Geburtstagsfeier. Eine neue Arbeitsstelle oder eine neue Unternehmung. Eine Zeit, als Sie über das hinausgingen, was Sie glaubten, leisten zu können.

Sie heben einen zu Ihren Füßen liegenden Kieselstein auf und werfen ihn in den Teich. Ein Kreis erscheint. Er zeigt eine Szene aus Ihrer Kindheit – vielleicht den Moment, als Sie das erste Wort lasen. Die sich ausbreitenden Ringe enthüllen die Auswirkungen dieses Augenblicks auf den Rest Ihres Lebens.

Werfen Sie einen weiteren Kiesel ins Wasser und beobachten Sie, wie eine Begebenheit aus einer anderen Phase Ihres Lebens kleine Wellen schlägt. Ein anderer Kiesel, eine andere Begebenheit.

Die Ringe kreuzen einander nun, und Sie spüren allmählich die Verbindungen zwischen den Ereignissen Ihres Lebens. Sie könnten anfangen, Ihre persönliche Lebensgeschichte als Abfolge verbindender Muster oder Rhythmen zu betrachten. Die Entdeckung Ihrer einzigartigen Muster ist ein Schlüssel, der viele Möglichkeiten eröffnet. Mit dieser Perspektive können Sie leichter das Ruder in die

Hand nehmen und Ihr Leben auf Muster hinlenken, die Ihnen eher Freude und Glück als Kummer bescheren.

In der psychologischen Sphäre ist die Vergangenheit niemals abgeschlossen und die Gegenwart niemals ein für allemal festgelegt. Hier können Sie sich sogar auf eine Art Zeitreise begeben und in der Zeit rückwärts oder vorwärts reisen, um alte Wunden zu heilen und Hindernisse in Chancen zu verwandeln.

Wie das Blinken eines Goldfischs unterhalb der Wasseroberfläche gleitet eine Erinnerung ins Bewußtsein – eine Zeit, als Sie wirklich einen guten Freund oder Ratgeber brauchten. Sie sehen sich, jünger, als Sie heute sind, als Kind vielleicht, das Trost oder Zuspruch braucht. Nun können Sie diesem Kind die Hand reichen und ihm die Freundschaft und Anerkennung bieten, die soviel bedeutet hätte.

Verlassen Sie den Teich der Erinnerung nun in dem Wissen, jederzeit zurückkehren zu können, und tauchen Sie in das Dunkel des Waldes ein.

Sie kommen zu einer großen Lichtung, wo es wieder hell ist. Sie treten in die Mitte eines Kreises freundlicher Menschen. Obwohl Sie diese Menschen vielleicht noch nie zuvor gesehen haben, kommen sie Ihnen seltsam bekannt vor. Die Erklärung ist einfach: Es sind Aspekte Ihrer eigenen Persönlichkeit. Sie könnten sie Ihre innere Besatzung nennen. Diese Menschen haben sich hier versammelt, um Ihnen die Gelegenheit zu bieten, besseren Gebrauch von Ihren Talenten und Gaben zu machen.

Lassen Sie den Blick in die Runde schweifen und schauen Sie, wer da ist. Einer könnte ein Heiler sein, jemand, der eine Menge darüber weiß, wie Sie gesund werden und bei guter Gesundheit bleiben können. Ein Koch ist vielleicht auch darunter, und ein Buchhalter, ein Sportler und ein Mechaniker.

Sie verfügen in Ihrem Inneren über eine riesige Besatzung, und zu ihren Mitgliedern gehört derjenige, der Rechnungen bezahlt, der Schwerstarbeiter, jemand, der weiß, wie man sich entspannt, der Liebende, der, der sich in rechtschaffene Wut steigern kann, der männliche und der weibliche Aspekt Ihrer Persönlichkeit, der Clown, das Kind, der weise Alte, der Held oder die Heldin, der sozial Engagierte, der Nachdenkliche, der Autor, der Erfinder.

Sogar einen Priester oder eine Priesterin haben Sie im Innern und auch jemanden mit der Gabe für Freundschaften und Beziehungen, jemanden, der weiß, wie man die Zeit nutzt, und jemanden, der die Gabe geistigen Erwachens besitzt. Jedes dieser inneren Ichs tritt nun vor, schüttelt Ihnen die Hand oder umarmt Sie und nennt Ihnen seine spezielle Gabe für Sie.

Bei der Berührung jedes einzelnen spüren Sie die Anforderung der einzigartigen Gabe des jeweiligen Ich – ein Kaleidoskop der Schöpferkraft, eine Abfolge von Fähigkeiten.

»All diese Fähigkeiten gehören dir«, sagen sie.

»Aber was ist mit Dingen, die ich nicht kann«, fragen Sie, »beispielsweise malen oder Häuser bauen oder Gedichte schreiben?«

Sie hören eine Antwort. »Wenn du diese Dinge lernen möchtest, bitte den Meisterarchitekten oder -dichter oder -maler in dir um Hilfe. Deine Studien werden schneller voranschreiten, als du möglicherweise erwartet hast.«

Plötzlich wird Ihnen bewußt, daß da etwas ist, dem all die anderen Teile Ihres Ich mit Ehrfurcht und Respekt begegnen. Dieses Wesen sieht aus wie Sie, aber es ist ein »Sie«, das sämtliche in Ihnen ruhenden Möglichkeiten verwirklicht hat. Manchmal wird diese Anwesenheit »Dämon« genannt – die treibende Intelligenz, die unser Leben lenkt. Sie können sie sich als Ihr Wesenhaftes Ich vorstellen. Wenn Sie mit diesem Anwesenden bewußt eine enge Beziehung eingehen, gewinnt Ihr Leben Richtung, Ziel und Schwung. Sie wissen, was Sie in dieser Welt zu tun haben.

Mit einem langen Blick voll tiefer Dankbarkeit auf dieses wundervolle Wesen und mit dem geflüsterten Versprechen, es bald wiederzutreffen, drehen Sie sich um, verlassen die Lichtung und folgen dem Pfad zurück in den Wald. Wohl wissend, daß es im Reich der Psyche noch weit mehr Wunder zu erkunden gibt, kehren Sie dieser Sphäre nun den Rücken und schließen die Spiegeltür hinter sich.

Einmal mehr befinden Sie sich auf dem gewundenen Pfad, der Sie nach unten führt. Inzwischen zuversichtlicher, steigen Sie weiter hinab, bis Sie zu einer schweren hölzernen Tür kommen, die mit naiven Schnitzereien von Symbolen bedeckt ist: Kreuz und Davidstern; der halb schwarze, halb weiße Kreis von Jing und Jang; die bemalten Schilde der amerikanischen Ureinwohner.

Es ist die Tür zum Reich der Mythen und Symbole, und diese Symbole repräsentieren die Mythen und Erzählungen vieler Kulturen und vieler Epochen. Sie bemerken das *angk* genannte Kreuz mit der seltsamen Schleife, das Symbol des Lebens für die alten Ägypter, sowie Halbmond und Stern des Islam.

Nachdem Sie die schwere Tür aufgezogen haben, betreten Sie eine geistige Phantasiewelt. Überall um Sie herum führen Gestalten aus Märchen ihre Geschichten auf. Hier sind Schneewittchen und die sieben Zwerge. Hänsel und Gretel betreten ein Lebkuchenhaus. Aladin jagt mit seiner Wunderlampe Abenteuern nach. Sind da nicht gerade Dorothy und ihre Freunde, die Vogelscheuche, der Zinnmann und der Löwe, vorbeigegangen?

Als Sie tiefer in dieses Reich eindringen, verlassen Sie das Land der Märchen und betreten das Land der Mythen. Ihr Blick fällt auf eine Szene mit einem Festgelage griechischer Götter auf dem Olymp; auf die ägyptische Göttin Isis auf der Suche nach ihrem verlorenen Ehemann Osiris; auf Buddha, der meditierend unter dem Feigenbaum bei Bodh Gaya sitzt; auf den Ritter Parzival auf der Suche nach dem Heiligen Gral; auf Odysseus, der dem einäugigen Zyklopen entwischt.

Hier sind die bedeutenden und klugen weiblichen Gestalten des Mythos – Aphrodite, die auf ihrer Halbmuschel dem Meer entsteigt und Liebe in die Welt bringt; White Buffalo Woman, die den Völkern der Native Americans Nahrungsmittel und Zeremonien schenkt; die chinesische Göttin Kwan Jin, die Mitgefühl lehrt.

Hier sind auch die Figuren und Ereignisse aus den neu entstehenden Mythen – Luke Skywalker und Prinzessin Leia aus

Krieg der Sterne* im Kampf gegen die finsteren Mächte des Imperiums.

In einem Dunstwirbel in der Ferne wimmelt es von ständig sich verändernden Formen. Hier werden neue Mythen geboren. Etwas zieht Sie magnetisch in diese Richtung. Es ist der Dämon, Ihr Wesenhaftes Ich, die lenkende Kraft Ihres Leben. Sie tauchen in den Dunst ein, und der Sog wird stärker. Obwohl Sie nichts hören, verstehen Sie, daß sich Ihnen neue Kräfte erschließen werden, wenn Sie lernen, Ihre eigene Geschichte als Mythos zu begreifen.

Plötzlich finden Sie sich auf einer mythischen Reise wieder. Sie beginnt, als Sie das Gefühl haben, jemand oder etwas fordere Sie auf, Ihr altes Leben zu verlassen und zu etwas Neuem aufzubrechen. Mit all Ihren gewohnten Verzögerungstaktiken versuchen Sie dieser Aufforderung zu entgehen. »Ich bin noch nicht soweit.« »Vielleicht, wenn die Kinder groß sind.« »Wenn ich genug Geld habe.« Aber irgendwie ringen Sie sich durch und tun den ersten Schritt.

Bald erscheint ein Verbündeter – vielleicht ein Tier, das Sie begleitet und beschützt. Ein Bär? Ein Löwe? Ein Hund?

Gemeinsam kommen Sie zu einer Brücke, die Sie überqueren müssen. Es ist die Schwelle zur Sphäre Verstärkter Macht, und sie wird von einem Monster bewacht, das Sie nicht passieren lassen will. Das Monster ist grimmig und erinnert Sie an Kräfte in Ihrem Leben, die möchten, daß Sie alten Seinsweisen verhaftet bleiben.

Ihr tierischer Freund stößt ein aufmunterndes Bellen oder Knurren aus. Statt zurückzuweichen, begegnen Sie dem Monster mit einem Lied, einer Frage, einem Witz, einem Rätsel. Es blickt erstaunt, lächelt dann und fordert Sie auf, die Brücke zu überqueren und die Reise fortzusetzen.

Sie gehen weiter, bis Sie zu einer Pyramide kommen. Sie öffnen eine Tür am Sockel des Bauwerks und folgen einem langen Pfad aufwärts zu einem Raum, in dem sich ein leerer Sarkophag befindet – der Sarg des Königs. Etwas gibt Ihnen ein Zeichen, sich hineinzule-

---

* *Star Wars,* USA 1977, von George Lucas.

gen. Sie sind allein, allem entzogen, was Ihnen Freude bereitet hat. Doch Sie wissen, daß dieses Grab auch ein Mutterschoß ist, aus dem heraus Sie zu einem reicheren, vielschichtigeren Leben geboren werden. Nach Vollendung der Schwangerschaft erheben Sie sich und setzen Ihre Reise fort.

Nun gesellt sich zu Ihnen ein neuer Verbündeter, eine besondere Gestalt aus Mythos oder Legende, die über wunderbare Kräfte verfügt und Ihr Freund und Führer sein wird. Gemeinsam begegnen Sie großen Herausforderungen und Gefahren. Was tun Sie? Heilen Sie einen König, erschlagen Sie einen Drachen, befreien Sie einen gefangenen Prinzen oder eine gefangene Prinzessin, bergen Sie einen verlorenen Schatz oder begeben Sie sich auf selbst ersonnene Abenteuer? Jede Herausforderung verleiht Ihnen neue Kräfte, neue Stärken.

Nach zahlreichen Mühen und Triumphen erreichen Sie den entferntesten und tiefsten Punkt der Reise. Eine majestätische Gestalt winkt. Es ist Ihr höherer Hüter, das Weisheitswesen, das weiß, wer Sie wirklich sind, und Ihr vornehmeres Geschick bestärkt. Während Sie niederknien, um seinen Segen zu empfangen, fühlen Sie sich mit allen Autoritäten in Ihrem Leben ausgesöhnt.

Nun wenden Sie sich ab, um endlich dem Geliebten der Seele zu begegnen, Ihrem Engel, Ihrer göttlichen anderen Hälfte, Ihrem geistigen Lebenspartner. In der Umarmung des Geliebten gehen alle Sehnsüchte in Erfüllung, und Sie erleben das Wunder bedingungsloser Liebe. Der Geliebte überreicht Ihnen ein Geschenk – eine neue Idee oder lebensverändernde Eigenschaft mit wunderbaren Folgen für Sie und die Welt, in der Sie leben.

Und so kehren Sie und Ihre Bundesgenossen über die Schwelle Verstärkter Macht zurück. Obwohl Ihre Mitstreiter am Eingang zum Alltagsleben entschwinden, lassen sie Sie wissen, daß sie von diesem Moment an für immer in Ihnen lebendig sein werden, um Sie zu beschützen und zu leiten.

Außerdem wissen Sie, daß Ihre Abenteuer Ihrem Leben neuen Mut und neue Fähigkeiten, eine neue Art, in der Welt zu sein und zu handeln, gegeben haben. Gesegnet und bereichert kehren Sie zu Ihrem normalen Leben zurück, bereit und fähig, etwas zu ändern.

Sie sind bereit, das Reich der Mythen, seine Gestalten und Abenteuer zu verlassen. Sie schließen die mit den Symbolschnitzereien versehene Tür und betreten wieder den gewundenen Pfad, der Sie tiefer hinab ins Berginnere führt. Diesmal dauert die Reise abwärts viel länger, und es gibt weit mehr Abzweigungen vom Pfad.

Schließlich gelangen Sie zu einer Tür, die den Eindruck einer schimmernden Wasserfläche macht. Es ist der Eingang zum Reich des Geistes. Sie gehen hindurch und bemerken sofort einen gewaltigen Unterschied. Ihre Kleidung ist plötzlich tadellos und ihr Geist kristallklar. Obwohl Sie vollkommen durchnäßt sind, haben Sie das Gefühl, als seien Sie innerlich und äußerlich gewaschen worden.

Gereinigt und erfrischt blicken Sie zurück auf den Eingang aus Wasser und sehen bloß Licht. Es blendet Sie und erleuchtet Ihr gesamtes Sein. Jetzt strahlt das Licht auch von Ihnen aus, und Sie erleben das Licht, das Liebe ist, die Licht ist, das Liebe ist. Die alten Riegel vor Ihrem Herzen lösen sich in nichts auf, und eine Zärtlichkeit entströmt Ihrer Mitte, um alles, was Sie sehen, in liebevoller Verbundenheit zu umfassen.

Und Sie sehen alles. Sie hören alles. Es scheint, daß Sie zu alledem werden. Es ist, als seien Sie neu eingestellt worden und könnten nun die Wunder der Schöpfung in all ihren Formen empfangen.

Sie verspüren eine Erweiterung, eine Stärkung und damit zugleich, wie die Grenzen Ihres lokalen Ich sich auflösen. Und dennoch sind Sie gleichzeitig mehr bei sich selbst, als Sie es jemals waren.

Eine Energie durchströmt Sie; es ist die Schöpfung selber. Als hätte der Geist Gottes Sie ein Stück des Weges mitgenommen und als seien Sie nun im Stand der Gnade angelangt.

Es ist alles da! Die Dinge, die Sie im Leben gekannt haben, erleben Sie nun in der Fülle ihrer Vollkommenheit. Käse ist perfekter

Käse. Musik ist die Melodie des Lebens. Ein Freund ist der Gefährte der Seele.

Stellen Sie sich Anfänge vor, und Sie sind bei der Geburt eines Kindes und der Geburt des Universums zugegen. Stellen Sie sich mittlere Phasen vor, und Sie erleben, wie das Kind erwachsen wird, die Bewegung der Atome und Sterne und Planeten, die Evolution des Lebens in seinen unzähligen Formen. Stellen Sie sich Abschlüsse vor, und Sie sind Zeuge des Todes, unseres Übergangs in eine andere Form und der Verwandlung alter Sterne in neue Energien.

Stellen Sie sich Verbindungen vor, und Sie erleben, wie alles zusammenhängt – der Käse, die Melodie, der Freund, der Stern, der Seestern am Strand, die Frau, die auf der Straße an Ihnen vorübergeht, das Glitzern der Staubkörnchen, die im letzten Sonnenstrahl tanzen – all dies gehört zu einer Sinfonie des Lebens, deren einzelne Teile wiederum mit anderen Teilen zusammenhängen und Teil des Ganzen sind.

Nun verstehen Sie die Offenbarung des Mystikers: »Jedes Geschöpf ist ein Wort Gottes und ein Buch über Gott.« Und Sie wissen, daß auch Sie ein Wort Gottes sind und daß in Ihrem Inneren Gottes Buch zur Lektüre bereitliegt.

Was Ihrem Herzen entströmt, ist Lob. Lob der Sterne, Lob des neuen Getreides, Lob des Kindes, Lob des Körpers, den Sie bewohnen, Lob der Gaben, die Sie gegeben, und der Gaben, die Sie empfangen haben; Lob des Mondes in der Nacht und der Sonne am Tag; Lob desjenigen, der Ihnen hilft, und desjenigen, der es nicht tut; Lob des Geheimnisses Ihres Lebens, Lob der Möglichkeit des Todes; Lob all dessen, was ist und war und sein wird.

Schließlich betreten Sie ein Heiligtum, wo absoluter Frieden und vollkommene Stille herrschen – eine Stille, die so vollständig ist, daß Sie selber diese Stille werden, das All, und Sie wissen, daß Sie zu dem Einen heimgekehrt sind. Und dort ruhen Sie sich aus...

Als Sie meinen, es sei an der Zeit wegzugehen, erheben Sie sich, im sicheren Wissen, daß Sie, wann immer Sie möchten, in diese Sphäre zurückkehren können, weil Sie den Weg nun kennen.

Auf dem Rückweg durchschreiten Sie die Tür des geistigen Wassers und steigen den steilen, gewundenen Pfad durch das Berginnere wieder hinauf. Sie passieren die geschnitzte Tür mit den mythischen Symbolen und die Spiegeltür, die zur Welt der Erinnerung führt. Im Halbdunkel riechen Sie die Süße von Schokolade, als Sie an der Tür der Sinne vorübergehen.

Wieder befinden Sie sich auf dem Gipfel des Berges. Nachdem Sie die Steinplatte an ihren Platz zurückgeschoben haben, stehen Sie erneut unter freiem Himmel. Als Sie den gewundenen Pfad hinabsteigen, kitzelt herbfrischer Kieferduft Ihre Nase, und Sie genießen das Spiel des Windes, der Ihr Haar zerzaust. Auch Ihr Blick ist schärfer und nimmt in den Bäumen, an denen Sie vorübergehen, neue Schattierungen von Grün, Braun und Grau wahr. Aus einem Baumwipfel am Fuß des Berges werden Sie mit kühlem Wohlwollen beobachtet; es ist der Adler. Sie grüßen ihn und werden sich bewußt, daß sie von einem außerordentlichen Abenteuer zurückgekehrt sind.

Auskosten der Sinneswelt

Es war einmal eine Frau, die konnte weder sehen noch hören. Trotzdem entwickelte sie eine besondere sinnliche Gabe. Die Farbe Rosa, so erklärte sie, sei »wie die Wange eines Babys oder eine sanfte südliche Brise«. Grau war für sie »wie ein weicher, um die Schultern gelegter Umhang«. Gelb war »wie die Sonne. Es bedeutet Leben und ist reich an Verheißungen«. Sie kannte zwei Arten von Braun. Eine war »warm und freundlich wie Kompost«. Die andere war »wie die Stämme uralter Bäume mit Wurmlöchern oder wie ausgemergelte Hände«.

Häuser waren Schichten des Lebens, dessen Geschichten Düfte aussandten. Sie erkannte ein altmodisches Landhaus, denn »es besitzt mehrere Geruchsschichten, die Familien, Pflanzen, Parfüms und Vorhänge hinterlassen haben«. Der Geruch verriet ihr auch etwas über die Menschen, denen sie begegnete. »Im Geruch junger Männer«, sagte sie, »liegt etwas Elementares, wie von Feuer, Sturm und salziger See. Er pulsiert vor Schwung und Begehren.«

Auf die Frage, was sie von Städten wisse, malte sie ein sinnliches Porträt in kräftigen Farben. »Lange Straßen. Trampelnde Füße, Gerüche aus Fenstern, von Tabak, Pfeifen, Gas, Obst, Düfte, Stufen um Stufen von Gerüchen. Autos. Ein Dröhnen, das mich erschauern läßt, ein Grollen.«

Wer war diese Frau der mannigfaltigen Sinne? Sie hieß Helen Keller, und als ich acht Jahre alt war, hatte ich das seltene Privileg, mit ihr zu sprechen, während sie mir mit den Händen von den Lippen ablas. »Warum sind Sie so glücklich?« platzte ich mit der

Kindern eigenen brutalen Offenheit heraus. Meine Frage amüsierte sie, und mit ihrer seltsamen und geheimnisvollen Stimme erwiderte sie: »Weil ich jeden Tag so lebe, als wäre es mein letzter. Und das Leben ist in all seinen Augenblicken so voller Schönheit.«

War Helen Keller behindert? Im technischen Sinne sicher. Im Grunde genommen nicht. Sie hatte die Fäden der Sinne, die ihr verblieben waren, zu einem neuen Netz verwoben, das die Welt und ihre Geschöpfe einfing. Sie kannte sie derart genau und war so vertraut mit ihnen, daß das Leben herrlich für sie war. Dennoch hatte sie ein leidenschaftliches Interesse an den Tauben und Blinden, den Minderheiten und den Armen. Sie besaß einen ausgeprägten Gerechtigkeitssinn und war äußerst empfindlich gegenüber sozialer Not, ein Wesenszug, der durch ihre neu gewonnenen Sinne vielleicht noch verstärkt wurde.

In gewisser Hinsicht sind wir alle Helen Keller. Wenige von uns sind nicht ernsthaft verkrüppelt. Unsere Sinne wurden verschlossen, mit Scheuklappen versehen und stillgelegt. Man hat uns beigebracht, Begriffe über Wahrnehmungen, Abstraktionen über die Fruchtbarkeit unvermittelter sinnlicher Kenntnis zu stellen. Im Gegensatz zu Helen Keller finden die meisten von uns sich mit ihren Behinderungen ab und führen ein Leben weit unterhalb ihrer Möglichkeiten, das sehr viel weniger aufregend und sehr viel weniger nutzbringend ist.

Können wir, wie Helen Keller, unsere Behinderungen überwinden und den Verrat an unserem Sinnenleben wiedergutmachen? Können wir, wie Helen Keller, tiefer in das riesige Lagerhaus alternativer Arten des Wissens eindringen und den Reichtum und die Schönheit der physischen Welt auszukosten? Können wir, wie Helen Keller, durch unsere Sinne inspiriert werden, die Probleme der Welt als so drängend zu empfinden, daß wir uns dazu aufraffen, nach einer Lösung zu suchen?

Es steht außer Frage, daß unsere Kenntnis der Welt zuvorderst auf sinnlicher und körperlicher Erfahrung beruht. In der Kindheit sind unsere Sinne hellwach – wie grün ist das Gras, wie samtig kalt und süß Eiskrem, wie kitzelig ein Lauf barfuß über eine Wiese. William Wordsworths großartige Ode »Intimations of Immortality from Recollections of Early Childhood« (Andeutungen der Unsterblichkeit aus frühen Kindheitserinnerungen) feiert den sinnlichen Glanz der Kindheit:

> *There was a time when meadow, grove and stream,*
> *The earth and every common sight,*
> *To me did seem*
> *Apparelled in celestial light,*
> *The glory and the freshness of a dream. (...)* *

Wenn wir erwachsen werden, klagt Wordsworth, seien die Frische und Göttlichkeit der Welt unserer direkten Wahrnehmung entzogen, und »nichts kann die herrliche Stunde im Gras, der Blüten Pracht« zurückbringen.

Doch umgekehrt kann Reife bedeuten, daß unsere Fähigkeit zur herrlichen Feier unserer Sinne sogar noch ausgeprägter ist. Das Erwachsenendasein bringt eine Wertschätzung erotischer Liebe und ästhetischer Freuden mit sich, ein Gespür für Schatten zur Steigerung des Sonnenlichts, Leidenschaft, kontemplative Intelligenz – die ganze menschliche Komödie und Tragödie.

Um im Erwachsenenalter wieder in den uneingeschränkten Genuß der Sinne zu gelangen, ist eine gewisse Anstrengung nötig, aber die Arbeit wird mit mannigfachem Vergnügen belohnt. Wer von uns würde schon zurückschrecken, wenn man ihn bäte, so viele wundervolle Dinge wie möglich zu schmecken, zu berühren, zu riechen, zu sehen und zu fühlen?

Überdies können wir uns in dem Wissen an die Aufgabe machen,

---

* (Einst schienen Wiese, Hain und Bach, / Die Erde und was dem Auge / Gewöhnlich sich bot, / Gewandet in himmlisches Licht, / In die Pracht und Frische eines Traums.) *The Poetical Works of William Wordsworth*, hg. von E. De Selincourt / Helen Dorbishire, Oxford 1947, Bd. 4, S. 279.

daß wir beim Erwecken der Sinne unsere Fähigkeit aktivieren, uns Dinge auf vielfältige Art und Weise vorzustellen, sie mannigfach zu fühlen und zu verstehen. Wir bereichern unsere Vorstellungen und legen neue Wege zum Verständnis der äußeren und inneren Welt an.

Ich will Ihnen zeigen, was ich meine. Schauen Sie sich in Ihrer unmittelbaren Umgebung um, dort, wo sie gerade sitzen, und richten Sie Ihr Augenmerk auf irgendein Objekt. Es kann alles mögliche sein, klein oder groß, vertraut oder fremd – eine Topfpflanze auf der Fensterbank, ein Gemälde an der Wand, ein Kinderspielzeug, das Haus gegenüber, das Muster an der Decke. Wir kommen gleich auf dieses Objekt zurück.

Nun stellen Sie sich bei der Lektüre die folgenden sinnlichen Erfahrungen so lebhaft wie möglich vor:

* die Bewegung Ihrer Zehen im warmen Sand, während Sie dem plätschernden Rhythmus der Meereswellen lauschen;
* den Geschmack frischer Aprikosen;
* den Duft frisch gebackenen Brotes;
* einen zärtlichen Gutenachtkuß;
* das Geräusch galoppierender Pferde;
* das Zusammenharken eines Stoßes frisch gefallener Herbstblätter;
* eine Kirche in leichtem Schneetreiben, vor der Sie stehen und einem Chor lauschen, der den *Messias* probt;
* Händchenhalten im Kino;
* einen jungen Hund, der Ihre Wange beschnuppert und ableckt.

Schließen Sie nun für einen Moment die Augen und erinnern Sie sich an andere körperliche Freuden, die Ihnen lieb und teuer sind. Rufen Sie die Sinneseindrücke in sich wach, als erlebten Sie sie just in diesem Augenblick noch einmal...

Wenn Sie die Augen öffnen, schauen Sie sich erneut das Objekt an, das Sie sich vorher ausgesucht hatten. Was fällt Ihnen an der Farbe auf, an der Form, der Art, wie es das Licht fängt, an Ihrem

Gespür für seine Intensität und sein Gewicht? Gerade die Erinnerung an Dinge, die uns Freude bereitet haben, kann die Sinne schärfen.

Erinnern Sie sich an unsere Reise zu den vier Ebenen des Ich im voraufgegangenen Kapitel? Jetzt dringen wir tiefer in die sinnliche Sphäre ein, wobei unser Bewußtsein von jedem köstlichen Sinneseindruck voll in Anspruch genommen wird. Den größten Nutzen werden Sie aus Ihrem Besuch ziehen, wenn Sie Ihr sinnliches Gedächtnis nutzen, sich die Erlebnisse, die ich anrege, so lebhaft wie möglich vorzustellen. Dadurch stärken Sie die Muskeln Ihrer inneren erfinderischen Sinne.

Die meisten ständig kreativen Menschen, die ich kenne, haben viel Zeit und Überlegung auf die Entwicklung ihrer inneren Sinne verwandt. Die Anthropologin Margaret Mead begab sich regelmäßig in ihre inneren Sphären, um Probleme zu untersuchen, an denen sie gerade arbeitete. Einmal schilderte sie mir das Verfahren, mit dessen Hilfe sie einen wichtigen Vortrag über die humanitären Anwendungen der Naturwissenschaften verfaßte.

Sie begann mit der Visualisierung einer Kunstausstellung, die sie in Kopenhagen gesehen hatte, in welcher dem menschlichen Körper ein groteskes Aussehen verliehen worden war. Die Ausstellung erinnerte sie an wissenschaftliche Untersuchungen, die sie gelesen hatte, in welchen die Beschaffenheit des Menschen auf Grafiken und Statistiken reduziert wurde. Dann stellte sie sich ihre wissenschaftliche Zuhörerschaft vor und sah sie vor sich, verschlossen gegenüber Kunst und Musik, mit verschleierten Augen und verstopften Ohren. Mit einem Mal war sie erfüllt vom anschwellenden Klang der Musik Beethovens und fand sich in der Sixtinischen Kapelle wieder, wo sie die herrlichen Figuren an der Decke anstarrte. Schließlich fiel ihr das Gesicht eines Freundes aus Neuguinea ein, 1928 ein »Primitiver«, 1953 ein weltgewandter intellektueller Kopf.

Bilder gesellten sich zu Bildern, Worte begannen sich zu formen, und es entwickelte sich ein vielschichtiger und starker Vortrag. Wenn eine anspruchsvolle Wissenschaftlerin wie Margaret Mead innere Symbolik und Erinnerungsvermögen nutzen konnte, um kreativer zu denken, dann können sicherlich auch wir lernen, unabhängig von persönlichen Interessen oder Anliegen dasselbe zu tun.

Während wir uns nun darauf vorbereiten, die innere sinnliche Sphäre zu betreten, wäre es hilfreich, wenn Sie sich fünf Objekte griffbereit hinlegten, die mit den fünf Sinnen verbunden sind. Ich selber habe beim Schreiben eine Katze in der Nähe zum Berühren, eine indianische Wollmalerei zum Sehen, Grillen zum Hören, ein kunterbunte Mischung getrockneter Zitronen, Orangen und Limonen zum Riechen und eine Banane zum Schmecken. Nehmen Sie sich einen Augenblick Zeit, um Ihre sinnlichen Materialien zusammenzusuchen, und dann wollen wir beginnen.

* * *

Fertig? Wir fangen wieder so an wie zuvor und machen uns um den Berg des Ich herum auf den Weg nach oben. Wir riechen die Kiefern und spüren das Knirschen von Blättern und Kiefernnadeln unter den Füßen. Vögel singen, und der Wind rauscht in den Bäumen. Blauer Himmel und scheckiges Sonnenlicht brechen durch Öffnungen in den Baumwipfeln.

Indem wir jedesmal, wenn wir die inneren Sphären betreten wollen, dasselbe Muster imaginativer Erlebnisse wiederholen, prägt sich unserem Kopf eine Art Karte zur Orientierung ein, die mit ein wenig Übung beim raschen Aufbruch in unsere inneren Räume benutzt werden kann.

Dann erreichen Sie wieder den Gipfel des Berges und heben die große Steinplatte an, die den inneren Durchgang verschließt. Wieder steigen Sie die verdunkelte Treppe hinab, abwärts dem gewundenen Pfad folgend, der Sie in das Innere des Berges führt.

Dort vorn ist die erste Tür, die Tür zum Reich der Sinne. Sie können es bereits riechen. Nelken und warme Zimtbrötchen. Wonach riecht es bei Ihnen heute?

Die Tür hat sich seit Ihrem letzten Besuch verändert. Schon ist die Palette Ihrer Sinne reicher und vielfältiger geworden. Ein hauchdünnes silbernes Spinnennetz streift Ihre Wange, an seinen Fäden hängen Tautröpfchen, jede winzige Kugel glitzernd und perfekt geformt. Ein sonnenwarmer, flaumiger Pfirsich voller Saft wartet darauf, probiert zu werden, und der komplizierte Kontrapunkt eines Mozartkonzertes tanzt Ihnen in den Ohren. Tatsächlich zwinkert Mozart höchstpersönlich Ihnen aus einer der Türfüllungen zu, ein kleiner Mann in einem rüschenbesetzten gelben Seidenanzug und kunstvoller weißer Perücke, der das Pianoforte spielt.

Als Sie die schwere Tür aufziehen, betreten Sie einen abgedunkelten, stillen Raum. Eine Frauenhand streckt sich aus, um die Ihre zu berühren. Die Finger der Frau klopfen einen Gruß in Ihre Handfläche, wobei ihre Finger Ihre Hand streicheln, als begrüßten sie grüne Blätter.

Es ist Helen Keller, und sie lädt Sie ein, ihr an einen Ort zu folgen, an dem der Tastsinn herrscht. Ihre Fingerspitzen übertragen eine Ladung, die Ihre eigene Empfindlichkeit gegenüber stofflicher Beschaffenheit erhöht. Mit einer sanften Bewegung bedeutet sie Ihnen, sich zu setzen und die Hände auszustrecken, um das Universum des Tastsinns zu empfangen. Stellen Sie sich nach jeder Tastempfindung vor, Sie schüttelten Ihre Hände, und sofort werden sie wieder sauber, frisch und aufnahmebereit für den nächsten Sinneseindruck.

Hier ist Seide wie flüssiges Wasser. Sie zu halten ist, als finge man Wolken.

Hier ist eine schnurrende Katze, die sich auf Ihren Knien glücklich die Pfoten massiert.

Hier ist Kaschmir, wie eine Umarmung Ihrer Mutter.

Hier, um Sie herumgewickelt, ist ein Daunen-Quilt, eine Fütterung aus Federn, gehüllt in Baumwolle.

Genießen Sie das klebrige, zähflüssige Gefühl, ein Sahnebonbon zu zerkauen.

Streicheln Sie die lange, weiche Nase eines Pferdes.

Fühlen Sie einen Stein, der durch einen fließenden Bach zu kühler Glätte poliert wurde.

Helen führt Sie nun zu ihrer Lieblingseiche. Beim Umarmen des Stammes erleben Sie Sinneseindrücke, als hätten Sie die Zeit eingefangen und hielten die Weisheit in Händen.

Helen legt Ihnen nun das einzelne Blütenblatt einer Rose in die Hand. Die zerbrechliche, zarte Kraft des Blattes ist geschmeidig und weich wie der Kuß eines Babys.

Nun werden Ihre Hände in ein Faß mit Kartoffelchips gesteckt. Die hauchdünnen Chips knistern, und an ihren fettigen konkaven Oberflächen haften Salzkrümel. Ihre Hände spielen eine Minute lang verrückt und zerdrücken so viele Chips, wie sie nur können.

Als nächstes wird Ihnen langsam warmer, klebriger Honig über die Hände gegossen. Gleichzeitig legt man Ihnen einen Eiswürfel in den Nacken. Versuchen Sie, beides gleichzeitig zu spüren.

Im Dunkeln kommen jetzt viele auf Sie zu, um Ihnen die Hand zu schütteln. Ein Kind legt seine Hand in Ihre. Es folgt die Hand eines schüchternen Erwachsenen. Jetzt streckt ein großer Hund eine Pfote aus. Jetzt gehört die Hand, die Ihre schüttelt, einem Mann, der versucht, Ihnen ein Auto zu verkaufen. Jetzt ist es eine Frau, die sich um eine Stelle bewirbt. Jetzt die Hand eines Politikers. Jetzt die Hand eines Gärtners. Ergreifen Sie jetzt die wettergegerbte, aber kräftige Hand Ihres Großvaters.

Als abschließendes Geschenk legt Helen Ihnen einen großen Klumpen Lehm in die Hand. Ihre Finger auf den Ihren bedeuten Ihnen, daß Sie daraus ein Modell Ihrer eigenen Hände formen sollen. Sie erleben das Geheimnis von Händen, die Hände machen, ein gottähnlicher Akt, Schöpfung in ihrer elementarsten Form.

In den von Ihnen geformten Händen ruhen Erinnerungen an Dinge, die Sie berührt haben und von denen Sie berührt worden sind. Berühren ist nicht einfach nur ein physischer Vorgang; es vermittelt auch Vorstellungen und Gefühle. Jede sinnliche Wahrnehmung ist auch eine Empfindlichkeit, und unsere Herzen können genauso berührt werden wie unsere Hände.

Jetzt, wo Sie so für Berührungen sensibilisiert worden sind, denken Sie einen Moment über das Wunder nach, das Sie vollbracht haben. Die Haut, die uns so selbstverständlich vorkommt, ist das größte Organ des Körpers, ein Raumanzug für unsere erdgebundene Existenz. Ihre Milliarden von Nerven bilden unseren primitivsten Sinn.

Berührung wirkt angeblich zehnmal stärker als verbaler oder emotionaler Kontakt. Hände heben uns aus dem Mutterschoß, geleiten und liebkosen uns auf unserem Weg durchs Leben und betten uns ins Grab. Säuglinge brauchen Berührung und müssen gehalten werden, damit sie wachsen und sich entwickeln können. Während sie im Arm gehalten und geschaukelt werden, reagieren sie zunehmend wacher auf ihre Umwelt und entwickeln die Fähigkeit zu physischer und emotionaler Freude.

Auch im Erwachsenenalter wirkt sich ein feinerer Tastsinn positiv auf unsere Fähigkeiten aus. Schulen Sie Ihren Tastsinn, und Sie reagieren empfindlicher auf all die prickelnden, kribbelnden, streichelnden Einflüsse, aus denen die Palette unserer Empfindungen besteht. Schulen Sie Ihren Tastsinn, und Sie entwickeln Empfindsamkeit gegenüber den emotionalen »Geweben« des Lebens.

Der Tastsinn lehrt uns, zwischen sanften und aggressiven Menschen zu unterscheiden. Er hilft uns, am Ball zu bleiben, wenn unwirtliche Flecken in unserer emotionalen Landschaft vorherrschen, und er fordert uns auf, Zeiten der Harmonie nicht als selbstverständlich hinzunehmen.

Ich kenne eine Mutter mit feinem Tastsinn, die ihren Kindern hilft, emotionale Verletzungen zu verarbeiten, indem sie sie dazu ermuntert, bei der Schilderung ihres Umgangs miteinander Tastwörter zu benutzen. Wenn die Kinder Stoffetzen schneiden und kleben, Lehm formen und Bauwerke aus Steinen und Sand errichten, unterhalten sie sich darüber, wie die rauhen Kanten eines schwierigen Klassenkameraden geglättet oder der schroffe Stil eines Lehrers erträglich gemacht werden könnten. Beruflich, wenn sie in Unternehmen Teams zusammenstellt, bedient sie sich im mittleren Firmenmanagement genau derselben Technik!

Die regelmäßige Übung eines verfeinerten Tastsinns schafft Verbindungen zwischen den ästhetischen Fähigkeiten und den Tastorganen, den sogenannten Tangorezeptoren. Schon bald verfügen Sie über einen großartigen Tastsinn! Lassen Sie mich ein paar Vorschläge machen:

* Nehmen Sie sich ein wenig Zeit und erfühlen Sie Jahreszeiten bewußt durch Berühren. Machen Sie im Frühling einen Spaziergang in einem Garten. Lassen Sie Ihre Finger sanft die schwellenden Blütenknospen drücken, sie von den flaumigen Rohrkolben kitzeln. Legen Sie sich auf den Rücken und spüren Sie die wärmende Sonne auf dem Gesicht.
* Gehen Sie beim Obst- und Gemüsehändler auf Abenteuerreise. Berühren Sie die zarte Haut und die gemaserten Schalen der reichen Gaben, die auf den Feldern und Obstplantagen Israels, Chiles und Kaliforniens herangereift sind, auf daß Ihr Tastsinn sich daran erfreue. Geben Sie allen Früchten poetische Beinamen – lüsterner Pfirsich, mädchenhafte Aprikose, beleidigte Rübe, leidenschaftliche Pflaume. Worte helfen, Empfindungen zu verankern und sie sich immer wieder in Erinnerung zu rufen.
* Bekleidungsgeschäfte sind herrliche Orte, an denen Sie die Erziehung Ihres Tastsinns fortsetzen können. Gehen Sie in Ihren Lieblingsladen und fassen Sie Tweedstoffe an, umarmen Sie Brokat, schwingen Sie sich in Seide und lernen Sie gestärkte Baumwolle so kennen, wie sie wirklich ist.

Umgeben von so viel empfindlicher Technik, brauchen wir zum Ausgleich einen viel empfindlicheren Tastsinn. Greifen Sie nun also nach dem äußerst reizempfänglichen Gegenstand, den Sie für diese Sitzung ausgewählt haben. Schauen Sie, ob Sie in der Lage sind, Ihr Objekt beim Berühren auf neue Art und Weise zu erleben, so, als ob es versuchte, Ihnen spürbares Vergnügen zu bereiten. Kaum daß Sie es zärtlich halten, strecken seine Oberflächen sich Ihren Händen entgegen.

Ich habe mein Kätzchen hochgehoben, und ich genieße es sehr, den geschmeidigen Körper zu streicheln. Als es vor Wonne den Rücken krümmt, merke ich, wie auch ich schnurre.

* * *

Nach dem Tastsinn wollen wir uns nun einem anderen mit elementaren Freuden verbundenen Sinn zuwenden. Ich lernte einmal einen Mann kennen, dessen ganzes Leben sich um das Thema »lecker, lekker, lecker« zu drehen schien. Es war der große Gourmet und kulinarische Autor James Beard.

Beard war ein fröhlicher, stattlicher Mann mit schier unglaublicher Genußfähigkeit. Ihn an Rosen riechen zu sehen hieß Rosen verstehen. Ihn zu beobachten, wie er Schweinebraten aß, wobei ihm der Saft das Kinn hinuntertropfte, hieß Genuß im echt Shakespearschen Sinne beizuwohnen. Wohl kaum ein Mensch vor oder nach ihm besaß ein ähnlich vollständiges Erinnerungsvermögen an den Geschmack von Dingen, und in seinem Geschmacksgedächtnis konnte er die Einzelheiten jeder guten Mahlzeit, die er in seinem Leben genossen hatte, rekonstruieren.

Meine Tante Annette arbeitete in der Praxis des Herzspezialisten, den Beard konsultierte. »Ich denke noch lange nicht ans Sterben«, erzählte er meiner Tante. »Ich amüsiere mich viel zu gut.« Begeisterung muß therapeutische Wirkung haben, denn getreu seinem Wort kostete Beard das Leben bis zum reifen Alter von zweiundachtzig Jahren aus. Als echter Bewohner des Reichs der Sinne dürfte er sicherlich hier zu finden sein.

Ja, dort ist er, er trägt die weiße Schürze eines Kochs, und sein Engelsgesicht glänzt wie das eines erwachsenen Babys, als er Sie auffordert, die von ihm zubereiteten Gerichte zu probieren, die auf einem strahlend weißen Leinentuch bereitstehen.

Probieren Sie nach Lust und Laune alle Köstlichkeiten dieses Ein-Personen-Banketts. Lassen Sie die Bissen in Ihren Mund rollen. Kosten Sie nicht nur Geschmack und Konsistenz, sondern auch Farbe und Form der Nahrungsmittel aus, ihre gespeicherte

Energie und ihr Licht. Letztendlich ist alle Nahrung von der Sonne gesandt, sie ist Sols unendliche Gabe. Verstehen Sie die Nahrungsmittel, die er bietet, nicht bloß als Speisenfolge, sondern als Fest für die Sinne, als Nahrung und Stimulans für die Imaginationskraft.

Wir wollen mit den Vorspeisen beginnen. Zuerst zarte, in einer Marinade aus Olivenöl, Zitrone und Knoblauch eingelegte Babyartischokenherzen, mit einer Spur Thymian, Oregano und Majoran. Probieren Sie danach die winzigen Blätterteigpasteten, gefüllt mit Krabbenfleisch und Kapern. Verstärkt vom starken Seearoma der Krabbe, explodieren die Kapern förmlich in Ihrem Mund, tangartig und pfefferig zugleich. Hier sind frisch zubereitete Tortillachips zum Auftunken smaragdgrüner Guacamole, ölig zerstampfte Avocado mit Untertönen von Knoblauch und Koriander.

Kosten Sie nun drei Sorten ofenfrisches Brot. Mehlige Stapel leckeren Sauerteigbrotes. Ein goldener Hefezopf, gelb vor Eiern und durchsetzt mit Rosinen. Vollkornbrote mit knuspriger, kerngespickter Kruste

An welche anderen Brotsorten erinnern Sie sich? Brot ist der Stoff des Lebens, und, dick mit Butter bestrichen, in Öl getunkt oder mit Marmelade beschmiert, beflügelt es die Gedanken ebenso, wie es die Knochen aufbaut. Ist es da ein Wunder, daß die Götter und Göttinnen des Getreides in den antiken Götterhimmeln zu den am meisten verehrten gehörten?

Ein Salat aus frischem Grüngemüse wartet darauf, daß Sie ihn genießen; Rukola, Brunnenkresse, Endivie, Blätter, die Sie zurückstechen, gezähmt von einem einfachen Dressing aus reinem Olivenöl und Balsamico-Essig.

Versuchen Sie jetzt einige der Hauptgerichte. Hier ist gegrilltes Lachsfilet, außen knusprig und innen zartrosa. Oder nehmen Sie etwas von der Hähnchenpastete in der tiefen Auflaufform. Weiße Fleischstückchen, die mit Kartoffelwürfeln, runden Mohrrüben und Champignons in einer Sahnesauce schwimmen und wie Schätze unter einer buttrigen Kruste begraben sind. Beim Hineinstechen mit der Gabel steigt Ihnen zur Begrüßung ein aromatischer Dunst, die Essenz von Hähnchen, in die Nase.

Am Kopfende des Tisches tranchiert Beard eine riesige Hohe Rippe vom Rind, blutig oder medium, ganz so, wie Sie möchten. Ein Gemüsepotpourri vervollständigt die Platte, Kartoffelpüree mit Sahne und Butter, zarter, frühlingsfrischer Stangenspargel, Champignons, duftend nach dem Zauber der Erde und dem Geheimnis der Wälder.

Welche Gerichte aus der Erinnerung würden Sie gern noch einmal probieren? Hat Ihre Mutter Stunden damit zugebracht, köstliche Hühnersuppe zu kochen? Oder brachte Ihr Vater, der Fischer, Körbe voller Forellen nach Hause, wo sie in Mehl gewälzt und gebraten wurden? Was kochen Sie, wenn Sie feiern wollen? Welche Gaumenfreude tröstet Sie, wenn Sie melancholisch sind? Probieren Sie sie jetzt.

Ich hoffe, Sie haben noch Platz für den Nachtisch. Beard bereitet eine persönliche Lieblingsspeise zu – dunkle Schokoladenmousse mit Schlagsahne und einem Dekor aus kandierten Veilchen. Oder vielleicht eine frische Obsttorte, wellenförmig geschichtete Apfelscheiben mit köstlichem Karamel obendrauf. Oder einen Kokoskuchen, feucht und schimmernd wie frisch gefallener Schnee.

Runden Sie die Mahlzeit mit jedermanns Lieblingsspeise ab. Eisbecher in allen möglichen Variationen. Welcher wird es sein – französische Vanille, Bitterschokolade, Erdbeere, Pfefferminz, Pistazie oder Ihr Lieblingsgeschmack? Es gibt auch noch etwas obendrauf – Candycreme, Karamel, Blaubeeren, Marshmallowflocken, Schlagsahne, gehackte Nüsse, Schokostreusel, Maraschinokirschen. Schichten Sie alles in einem Eisbecher aus Kristallglas übereinander und langen Sie mit einem langstieligen Silberlöffel hinein.

Welch ein Segen, daß etwas so Angenehmes wie herrlich leckeres Essen auch noch gut für uns ist! Aber so ist es. Ein verfeinerter Gaumen ist einer der Schlüssel zu einem Leben, das die vielfältigen Freuden des Lebens auskostet.

Der Geschmackssinn lehrt uns, das Wohlschmeckende in Kunst

und Musik, bei Freunden und in Ideen ausfindig zu machen. Er erhöht unsere Wertschätzung für die süßen, sauren, scharfen und würzigen Aromen im reichen Mahl des Lebens. Er spornt uns an, im Topf der Erfahrung zu rühren und neue, exotische Zutaten hinzuzufügen. Ein Genießer ist ein Schöpfer, ein Künstler beim Festmahl an der Tafel des Lebens. Bemitleidenswerte, arme Narren, die sich mit einer aus Massenprodukten bestehenden Weißbrot-Existenz zufriedengeben.

Der elegante französische Schriftsteller Marcel Proust wurde durch Knabbern an einer Madeleine zu seinem Roman *Auf der Suche nach der verlorenen Zeit* inspiriert. Eine Kostprobe dieses Lieblingsgebäcks seiner Kindheit löste einen Schwall von Erinnerungen aus, der in einem Meisterwerk gipfelte.

Auch für uns sind Nahrungsmittel mit Erinnerungen verknüpft. An den vielen Geschmäckern unseres Lebens haften gemeinsam mit Empfindungen auch Geschichten. Für mich löst Spinat ein Gefühl von Stärke und Wohlbefinden aus. Als Kind verband ich mit dem Verzehr dieses grünen Blattgemüses stets die muskulöse Kraft von Popeye dem Seemann. Wenn ich mich durch einen dampfenden Teller Lasagne kämpfe, bin ich von Kopf bis Fuß Sizilianerin. Ihre aromatischen Schichten beschwören endlose Kindheitsmahlzeiten mit meinen mediterranen Verwandten herauf.

Welche Nahrungsmittel bringen Ihnen die Erinnerung an Ereignisse und Menschen der Vergangenheit zurück? Welche Bohne oder Beere, welcher Fisch oder Vogel, Kuchen oder Vanillepudding ist über ein bloßes Nahrungsmittel hinaus Ihre auf einer Platte servierte Vergangenheit?

Hier sind ein paar andere Möglichkeiten, sich in den Tempel des Geschmacks zu wagen:

* Gehen Sie in ein Käsegeschäft oder einen Feinkostladen mit einem breiten und ungewöhnlichen Sortiment. Kosten Sie ein wenig von dem reifen Käse, denn mit dem Käse verhält es sich wie mit dem Leben: Der Geschmack kommt erst mit dem Alter. Probieren Sie einen blaugeäderten und würzigen Gorgonzola, einen

großartigen zerlaufenden Camembert, einen cremigen Brie. Oder versuchen Sie mehrere Sorten Oliven – grüne, braune, schwarze, tiefrote, fett vom Öl, runzelig von scharfen Pefferschoten und Kräutern.

* Gehen Sie mit Freunden in einem ungewohnten ausländischen Restaurant essen und genießen Sie die Köstlichkeiten einer neuen Küche. Werden Sie zum multikulturellen Esser, und Sie stellen fest, daß auch Ihr Horizont und Ihr Denken sich erweitern.
* Nehmen Sie schweigend eine einfache Mahlzeit zu sich und konzentrieren Sie sich in Zen-Manier auf Farbe, Konsistenz, Duft, Temperatur und Geschmack jedes Löffels und jeder Gabel voll. Machen Sie aus dem Mahl eine konzentrierte Meditationsübung und führen Sie Ihre umherschweifenden Gedanken sanft zu den Handlungen und Empfindungen jedes gegenwärtigen Augenblicks zurück.
* Backen Sie Brot und denken Sie bei jedem Schritt über das nach, was Sie gerade tun und in welcher Beziehung es zu Ihrem Leben steht: beim Sieben, Rühren, Gehenlassen des Teigs, beim Kneten und beim Backen. Bis Sie sich dann zum Essen hinsetzen, haben Sie eine komplette Philosophie!
* Lesen Sie Kochbücher oder Eßzeitschriften und versuchen Sie im Geiste die Rezepte, die Sie lesen, zu schmecken. Bereiten Sie das Gericht anschließend zu und schauen Sie, wie nahe Ihr eingebildeter Geschmack der Wirklichkeit kam.
* Exotische Früchte verstehen es, die Tropen in unserem Innersten herauszukehren. Kaufen Sie als einen ganzen Korb voll – Sternfrucht und Papaya, Mangos und reife Ananas – alles, was Ihr Markt bietet.
* Laden Sie gelegentlich Ihre Freunde ein und bereiten Sie eine Mahlzeit rund um ein Thema: Liebe, Eleganz, Einfachheit, Verzückung, Erwachen. Und schauen Sie, welche Wunder geschehen.

Nehmen Sie nun das Objekt zur Hand, das Sie zum Schmecken ausgewählt haben, und probieren Sie es. Warten Sie ab, wie sich Aromen und Konsistenzen in verschiedenen Mundpartien bemerkbar machen. An der Zungenspitze süß, hinten im Rachen bitter, am Gaumen sauer und überall im Mund salzig. Flüstern Sie sich ein, daß Sie fortan über einen verfeinerten Geschmackssinn verfügen.

* * *

Sind Sie bereit, etwas Neues zu sehen? Hier ist unsere Führerin zur Welt des Blicks, die große amerikanische Künstlerin Georgia O'Keeffe. Ganz Dame der Elemente, mit hartem Pioniergesicht und Adleraugen, sieht sie aus wie eine ihrer eigenen Wüstenlandschaften aus New Mexico.

Zuerst bittet sie Sie, mit ihr gemeinsam in den unendlich weiten Himmel über New Mexico zu starren. In der Wüste, sagt sie, sei das Licht elementar. Sehen Sie, wie die Hügel in der Ferne die natürliche Leinwand für eine Farbpalette abgeben, die von Schwarz zu Dunkelbraun, zu Blau, zu rostigem Rot und leuchtendem Gold changiert? Stellen Sie sich die Freude einer Künstlerin vor, die in einer Landschaft lebt, in welcher der singende Himmel und leuchtende Felsen sich selber stündlich in wechselndem Licht neu malen.

Formen und Muster sind allgegenwärtig. Gestalten und Farben wiederholen sich in großen und kleinen Details. Im Mittelgrund stoßen Felsen in Chaos und vollkommener Schönheit aneinander. Unter Ihren Füßen gibt der körnige Sand ihre Konstruktion in Miniatur wieder. Ganz in der Nähe bilden ein stacheliger grüner Kaktus und ein ausgebleichter, weißer Kuhschädel als natürliches Stilleben ebenso ein Paar wie die weiße Lehmziegelkirche und das schwarze Holzkreuz, die sich als Silhouette gegen den Horizont abzeichnen.

Wie der englische Künstler und Dichter William Blake kennt auch Georgia O'Keeffe kaum einen Unterschied zwischen dem Künstler und dem Mystiker. Auch sie fordert uns auf, die »Unendlichkeit in einem Sandkorn und den Himmel in einer wilden Blume« zu sehen.

Plötzlich ändert sich O'Keeffes Stimmung und mit ihr der Schauplatz. Jetzt sitzen Sie mit ihr in einem Flugzeug und fliegen nach

Osten, dorthin, wo sie ihre Karriere begann. Schauen Sie hinunter auf die wechselnden Konturen, während Sie über Rockies und Great Plains gleiten. Unter Ihnen dehnt sich ein Flickenteppich aus Feldern, eingefaßt von hölzernen Windschutzvorrichtungen und gesprenkelt mit roten Scheunen und weißen Farmhäusern.

Mit Einbruch der Dunkelheit überfliegen Sie das Lichtermeer einer Stadt. Die Maschine geht in Querlage, und die Gebäude stürzen herauf, als wollten sie Sie treffen, um sich anschließend in Eintönigkeit und einer grauen Landebahn zu verlieren.

Die Stadt ist eine karge Welt aus Stahl und Glas, Überlandleitungen, Winkeln, Geometrie. Sie machen sich Gedanken über das Leben hinter all diesen Fenstern. O'Keeffe lenkt Ihren Blick hinunter aufs Pflaster. Schuhe aller Art hasten vorbei – Halbschuhe, Sandalen, Allzweck-Trainingsschuhe, englische Broughams, hochhackige Pumps, Wanderstiefel, knöchelhohe Freizeitschuhe –, alle verbunden mit einem Leben, dessen Freud und Leid Sie niemals kennenlernen werden.

Sie verlassen die Stadt und reisen mit dem Zug in einen Ort mit Bäumen und Seen. Beim Spaziergang durch den Wald erzählt O'Keeffe Ihnen von ihrer Begeisterung für die ganz kleine Form. Schauen Sie sich den gefallenen Baum genau an, schlägt sie vor, und achten Sie auf die winzigen Universen, die er beherbergt, grüngraue Mooswälder und Pilzstädte, Safttröpfchen wie Edelsteinseen, geschäftige Ameisenkolonien.

Am Waldrand steht ein braunes Schindelhaus mit splitterig herabhängendem Vordach und einer rostigen Schaukel auf der Veranda. Sie klettern über eine Leiter auf den Dachboden. Kleidungsstücke aus einer anderen Epoche quellen aus staubigen Schrankkoffern, Kleider aus verschossenem grünen Taft, hochgeknöpfte Schuhe, Kragen und Manschetten aus vergilbter Spitze.

Während Sie das Wirrwarr kaputter Möbel und liegengelassenen Spielzeugs, ledergebundener Bücher und gebündelter Zeitungen anstarren, sehen Sie vor Ihrem geistigen Auge Ihren eigenen Speicher oder Wandschrank. Welche Schätze Ihrer Vergangenheit ruhen dort? Nacheinander rufen Sie ihre Bilder, Farben und Formen sowie die Erinnerungen und Empfindungen, die sie auslösen, in sich wach.

Als Sie gehen wollen, drückt Ihnen O'Keeffe, die Priesterin des Stillebens, ein paar ihrer Lieblingsstücke in die Hand. Ein spiralförmiges Schneckenhaus mit rosa und grau schimmernde Windungen. Ein Widderhorn, ein verlockender Apfel, ein verwittertes Stück Zaun.

Zum Schluß überreicht sie Ihnen eine Schwertlilie. Sie sehen diese Lilie nun mit O'Keeffes Augen, als verborgenes Universum. Die Formen und Höhlungen der Blüte weiten sich in Ihren Gedanken und hallen dort wider, bis sie über ihr eigentliches Sein hinauswachsen und beinahe menschlich, weiblich, reproduktiv werden. »Wenn Sie ein Blume in die Hand nehmen«, sagt O'Keeffe, »ist sie für einen Moment Ihre Welt. Ich möchte Ihnen diese Welt geben. Ich möchte, daß Sie wissen: Schauen heißt die Seele in Anspruch nehmen.«

* * *

Der Grund, warum Schauen die Seele in Anspruch nimmt, ist vielleicht, daß Sehen wiederum einen Großteil des Gehirns in Anspruch nimmt. Siebzig Prozent unserer Sinnesrezeptoren sitzen in den Augen. Es ist also kein Wunder, daß Sehen für uns der wichtigste Weg zur Beurteilung und zum Verständnis der Welt ist.

Aber das wirkliche Sehen mit Auge und Gehirn ist nur ein Teil des Bildes. Die Methode, die wir wählen, um die Realität mit unseren inneren Augen zu formen, bringt eine ganze Reihe schöpferischer und emotionaler Kräfte ins Spiel.

»Ich sehe, was Sie sagen«, erwidern wir unserer Freundin, wobei wir Metaphern mischen, um sie von unserer Sympathie zu überzeugen.

In unserem Kopf geht eine kleine Glühbirne an, und blitzartig verstehen wir – wir haben eine »Innen-Sicht«.

Die Art und Weise, wie wir die aus physischem und aus innerem Sehen gewonnenen Informationen verarbeiten – wie wir sie formen, bearbeiten und sie uns erneut vorstellen –, bestimmt häufig, in welchen Bahnen unser Leben weitergeht. »Sehen ist glauben«, sagt man uns, aber genausogut könnten wir sagen: »Glauben ist sehen.«

Ich kenne ein Geschwister-Paar, zweieiige Zwillinge, die die Welt vollkommen unterschiedlich sehen. Beide blicken vielleicht auf dasselbe Ereignis, aber während er gewöhnlich nur Dinge sieht, die falsch laufen oder auf ein Fiasko zusteuern, sieht sie Wunder und Schönheit und wie alles vielleicht zu einem guten Ende kommt. Verständlicherweise weicht ihr beider Leben voneinander ab, wenn es um »Glück« und Chancen geht. »Mein Leben ist verflucht«, sagt er oft, während sie glaubt: »Mein Leben ist gesegnet.«

Sehkraft meint auch »seherische Kraft«. Visionäre sind Menschen, die Muster von Möglichkeiten erkennen, bevor sie sich real abzeichnen, oder die spielend leicht die allgemeine Natur der Dinge begreifen. Es ist faszinierend festzustellen, wie viele dieser Innen-Sicht-Genies auch über ein stark entwickeltes physisches Sehvermögen verfügen. Die bedeutende Mystikerin Hildegard von Bingen konnte ein Blatt mit derselben Sorgfalt beschreiben, mit der sie die Göttliche Realität hinter der Realität schilderte. Ihre botanischen Beschreibungen sind genauso anschaulich und vielschichtig wie ihre Enthüllungen über die lebendigen Kräfte Gottes.

Möchten Sie gern über visionäre Kräfte verfügen? Dann lassen Sie sich von Mutter Natur helfen und suchen Sie sich einen schönen Baum aus. Schauen Sie sich die Muster in der Rinde genau an und beschreiben Sie sie mündlich oder schriftlich so anschaulich wie möglich.

Nehmen Sie sich nun eine Vorstellung oder ein Problem vor, das Sie beschäftigt, und schauen Sie wieder auf die Rinde, aber warten Sie diesmal ab, bis die Muster, die Sie sehen, Ihnen ihre Einsichten in Ihr Problem enthüllen.

Wenn Sie möchten, können Sie sich nun zum Abschluß auf eine philosophische oder geistige Frage oder auf ein globales Problem konzentrieren. Werfen Sie erneut einen Blick auf die Rinde und schauen Sie, wie sie Ihren Geist mit ihren »Antworten« erleuchtet.

Wir stellen uns die Augen als Fenster zur Seele vor. Diese Eigenschaft der Durchsichtigkeit hat die Augen stets mit der geistigen Realität verbunden. In manchen Glaubensbekenntnissen ist tiefes Sehen eine Art von Andacht. Hindu-Anhänger reisen ständig durch Indien auf der Suche nach einer geistigen Anforderung in der *darsán* genannten visuellen Zwiesprache, bei welcher der Lehrer den Schüler mit ruhigem, durchdringendem Blick anschaut.

Wenn Sie das Wunder solch tiefen Schauens selbst erleben möchten, machen Sie folgendes: Suchen Sie sich zum Üben einen getreuen Freund. Fassen Sie einander bei den Händen, schließen Sie die Augen und sagen Sie sich gegenseitig, daß Sie, sobald Sie die Augen wieder öffnen, nicht nur die äußere Erscheinung des anderen erblicken werden, sondern auch die innere Schönheit, die Sie beide ausstrahlen. Öffnen Sie anschließend die Augen und nehmen Sie mit Ihren Augen die Seelentiefe wahr, über die jeder Mensch verfügt.

Sehen kann sowohl den Körper als auch die Seele heilen. Der direkte Zusammenhang zwischen geistigen Bildern und Heilen ist gut belegt. Aber am interessantesten ist, in welcher Weise ein Wechsel der Vorstellungen, die Sie von Ihrem Körper haben, eine Veränderung Ihrer Gesundheit bewirken kann. Positive geistige Bilder können als natürliche Kraft wirken und dem Körper bei der Wiederherstellung einer besseren Verfassung helfen. Negative Bilder bewirken das Gegenteil.

Fragen Sie sich selbst: Sind Sie eher vom Wunsch zu leben oder vom Wunsch zu sterben erfüllt? Sie wären überrascht, wie viele Menschen in eine Spirale chronischen selbstzerstörerischen Denkens geraten und einen stetigen Strom von Bildsignalen aussenden, die ihren Körper auffordern, krank zu werden.

Sie sind stärker für Ihre Gesundheit und Ihr Wohlbefinden verantwortlich, als Sie sich je träumen ließen. Dies ist die mit dem Menschsein einhergehende schreckliche oder wunderbare Freiheit. Also versuchen Sie sich jedesmal zu fangen, wenn Sie in selbstzerstörerischer Stimmung sind, und sagen Sie: »HALT!« Tauschen Sie anschließend die Vorstellungen, die Sie von sich haben, bewußt aus.

Schon bald wird sich Ihre Stimmung ändern und mit ihr das Gespür für die Möglichkeiten, die das Leben bietet.

Versuchen Sie außerdem jeden Tag ein paar Minuten mit einem Bildnis Ihres Körpers und Ihres Verstandes bei allerbester Gesundheit zu verbringen. Machen Sie sich gut vertraut mit dem Bildnis. Vielleicht sind Sie überrascht und erfreut angesichts der sich einstellenden Verbesserungen.

Als ob dies nicht Grund genug wäre, Ihre Sehkraft zu schulen, ist visionäre Kraft auch mit schöpferischer Imaginationskraft verbunden. Das größte Geschäft der Welt befindet sich nicht an der Fifth Avenue, dem Rodeo Drive oder auf den Champs Elysées. Es befindet sich in Ihrem Kopf, und seine Regale enthalten eine Fülle von Vorstellungen, die darauf warten, mit anderen Vorstellungen zu neuen Ideen, Wahrnehmungen und sogar Geschichten verbunden zu werden.

Visuelles Denken erlaubt uns, ein Projekt oder eine Idee als Ganzes zu sehen. Wenn wir logisch oder verbal über ein Problem nachdenken, läuft in unserem Inneren gewöhnlich ein 1-2-3-4-5- oder A-B-C-D-E-Prozeß ab. Menschen jedoch, die eine Fähigkeit zu innerer Metaphorik entwickelt haben, können sich ein Projekt augenblicklich von Anfang bis Ende vorstellen. Der visuelle Verstand ist in der Lage, binnen Mikrosekunden Millionen von Bildern zu entwickeln und uns eine zu wenigen Symbolen und Bildern mit hohem Informationsgehalt verdichtete »Anzeige« zu liefern.

Kreative Köpfe denken im allgemeinen sehr imagistisch, das heißt bildhaft verdichtet, gehen in Windeseile Alternativen durch, suchen, wählen aus, verwerfen, fassen zusammen, wobei sie manchmal in wenigen Minuten die Arbeit mehrerer Monate erledigen.

Bei meiner Forschungsarbeit habe ich oft festgestellt, daß Menschen, die Probleme mittels innerer Metaphorik lösen, ihre Projekte gewöhnlich häufiger und leichter zum Abschluß bringen.

Warum? Weil das Denken in bildhaften Vorstellungen ein geistiges Feuer entfacht, in der Seele Visionen entstehen läßt und dem Körper Kraft verleiht. Es hilft nicht nur, ein Projekt zu beenden, sondern es auch auf eine Weise zu beenden, die sich bequem in die Muster des inneren Universums einfügt.

Ein bekannter Romancier, mit dem ich befreundet bin, schreibt so gut, weil er die Augen schließt und beobachtet, wie die Geschichte sich in Bildern entfaltet. »Dann brauche ich sie nur noch aufzuschreiben«, erklärt er. »Ich sage meinem Verstand, ich möchte eine Geschichte. Und mein Verstand sagt, in Ordnung, hier ist sie. Sieh nur genau hin.«

Geistige Bilder und Vorstellungen liefern also eine Umgebung, die genauso real und einflußreich ist wie die greifbare äußere Lebenswelt. Sehen ist ein schöpferischer Akt, der uns ungeheure Möglichkeiten eröffnet, die Welt mit neuen Augen zu sehen, vorausgesetzt, wir sind bereit, diese Freiheit zu nutzen.

Denken Sie an das, was in Ihrer Welt der Veränderung bedarf. Bitten Sie Ihren bilderzeugenden Verstand um Hilfe, schließen Sie die Augen und harren Sie der Dinge, die da kommen! Zuerst erhalten Sie vielleicht nur zufällige, scheinbar zusammenhanglose Bilder, aber wenn Sie Ihre Bitte immer wieder vortragen, werden die Bilder allmählich zusammenhängender, brauchbarer und kreativer werden.

Am Ende fragen Sie sich vielleicht sogar: »Wer inszeniert diese großartige Show eigentlich für mich? Ich selber wäre in hundert Jahren nicht darauf gekommen!« Aber ein Etwas in Ihnen tat es in der Vergangenheit und wird es auch künftig tun, vorausgesetzt, Sie nutzen die Codes der inneren Metaphorik.

Daran sollten wir stets denken, wenn wir nun einen kreativen Blick auf das Objekt werfen, das wir ausgewählt haben, um es mittels der Sehkraft zu erkunden. Untersuchen Sie sorgfältig seine Form und Größe, die Einzelheiten der Konstruktion. Betrachten Sie die Farben des Objekts und die Stimmungen, die sie in Ihnen auslösen. Tauschen Sie die Plätze und stellen Sie sich vor, Sie seien das Objekt und blickten auf sich zurück. Schauen Sie anschließend wieder ganz normal auf das Objekt.

Beachten Sie, was mit Ihrem Sehen passiert ist. Aller Wahrscheinlichkeit nach sind die Farben nun satter und abwechslungsreicher, die Form hat mehr Tiefe, das Spiel von Licht und Schatten ist sowohl augenfälliger als auch subtiler. Und wenn Sie die Augen schließen, können Sie das Objekt wahrscheinlich mit Hilfe Ihres inneren Sehvermögens rekonstruieren.

Indem Sie auf die verbesserten visuellen Kräfte in Ihrem Inneren vertrauen, steigern Sie nicht nur die Freuden des Sehens, Sie erhöhen vielleicht sogar Ihre physische Sehkraft.

Im folgenden finden Sie ein paar Möglichkeiten, Ihre visionären Kräfte dauernd weiterzuentwickeln:

* Nehmen Sie sich jeden Tag ein wenig Zeit, Dinge einfach nur anzusehen. Wie Georgia O'Keeffe sagte: »In gewisser Hinsicht sieht niemand eine Blume wirklich, sie ist so klein, wir haben keine Zeit – und Sehen erfordert Zeit, so wie auch Freundschaft Zeit braucht.«
* Schauen Sie sich in einem Kunstmuseum oder einer Bücherei in Ihrer Nähe nach Bildern von Georgia O'Keeffe um. Verbringen Sie auch ein bißchen Zeit mit den Impressionisten – Monet, Renoir, Cézanne –, französischen Genies des Lichts. Gehen Sie anschließend in eine Fotogalerie, um zu sehen, wie die Natur durch das Auge der Kamera eingefangen wird. Die Fotografien von Ansel Adams und Galen Rowell werden Ihnen helfen, Gebirgslandschaften auf neue Art wahrzunehmen.
* Stellen Sie sich mit Ihrem inneren Auge einen nicht weit entfernten, vertrauten Ort vor. Statten Sie ihn mit möglichst vielen charakteristischen Details aus. Gehen Sie anschließend hin, schauen Sie sich den Ort an und prüfen Sie, wie nahe Ihre bildliche Vorstellung der Realität gekommen ist. Schließen Sie die Augen und fügen Sie dem inneren Bild mit Hilfe Ihrer visuellen Imaginationskraft neue Merkmale hinzu.
* Stellen Sie eine Blume in eine Vase und prägen Sie sich möglichst viele Details ein. Fertigen Sie anschließend eine Skizze der Blume an, in die Sie die Einzelheiten Ihrer Beobachtung einarbeiten. Schließen Sie jetzt die Augen und stellen Sie sich vor, Sie könnten die Blume betreten und ihre Innenwelt erkunden. Lassen Sie Ihrer

Imaginationskraft freien Lauf, eine Geschichte über die Welt dieser Blume zu entwickeln.
* Diesen Faden weiterspinnend, machen Sie sich jeden Tag eine bildliche Vorstellung und lassen Sie sie von Ihrem Verstand in eine Geschichte »umsetzen«. Sie könnten sich beispielsweise vorstellen, daß Sie in einer Großstadt eine Straße entlanggehen und ein Alligator auf sie zugewatschelt kommt. Was geschieht in Ihrer imaginativen Welt als nächstes? Nehmen Sie anschließend irgendein Ereignis oder eine Idee, die Sie beschäftigt, fügen Sie sie in eine bildliche Vorstellung ein, die Sie damit in Verbindung bringen können, und beobachten Sie, wie Ihr romanhafter Verstand sich an die Arbeit macht und Lösungen in Form einer Geschichte oder einer Abfolge bildhafter Vorstellungen entfaltet.
* Üben Sie mit Freunden und Familienmitgliedern (besonders Kindern) intensives Sehen und teilen Sie einander anschließend mit, was für ein Gefühl es ist, so gesehen zu werden.

* * *

Wer führt uns durch die Welt der Gerüche? Lachen Sie nicht, es ist der an einen saftigen Schinken erinnernde Filmstar Schweinchen Babe*. Babe hat eine unglaubliche Nase für Gerüche aller Art. Folgen wir ihm also, wie es aufs Geratewohl nach Schweineart von einem interessanten Geruch zum nächsten schlendert.

Zuerst nimmt Babe uns mit nach draußen, damit wir unsere Freude am Geruch der Erde nach einem Regenguß haben. Es ist ein Geruch, der die Seele beruhigt und uns im buchstäblichen Sinne des Wortes unseren Wurzeln nahebringt. Als nächstes führt Babe uns in einen Kiefernwald, wo wir den trockenen, frischen Duft der mächtigen Bäume genießen.

Jetzt befinden wir uns in einem Garten, der von üppigem Rosenduft erfüllt ist. Bücken Sie sich und atmen Sie die süße Würze von

---

* *Babe, the Galant Pig* (Ein Schweinchen namens Babe), USA 1995, Regie: Chris Noonan.

Nelken ein. Dort ist ein Lavendelbeet, und versäumen Sie keinesfalls die üppigen tropischen Düfte, die dem Gardenienbusch entströmen. Babe spaziert glücklich hier entlang, und wir folgen ihm, um in die Wohlgerüche eines blühenden Orangenhains einzutauchen.

Babes nächster Halt ist ein Landhaus. Von den Pferden auf der Wiese direkt neben dem Gebäude geht ein warmer Moschusgeruch aus. Selbst die frischen Pferdeäpfel stechen seltsam angenehm in der Nase. Auf dem Hof hinter dem Haus erwischen wir den sauberen Duft frisch gewaschener Bettlaken, die in der Sonne flattern.

Babe führt uns zur Küchentür. Beim Eintreten schlagen uns tausenderlei herrliche Kochgerüche entgegen – von frisch gebrühtem Kaffee, von Brot im Backofen, warmen Pfefferkuchen, in Apfelwein ziehenden Gewürznelken, sogar von Hühnersuppe, die sprudelnd auf dem Herd köchelt.

Wir schlendern hinter Babe her ins Wohnzimmer und entspannen uns zum beißenden, rauchigen Duft eines Holzfeuers, das im Kamin prasselt. Nichts da. Babe hat eine Schachtel Pralinen erschnüffelt, die in der Hitze schmelzen. Und auch wir können nicht widerstehen. Besser, wir verschwinden, bevor Babe uns in Schwierigkeiten bringt.

Babe hat eine neckische Idee, und schon bald inspirieren wir eine Reihe fremdländischer Restaurants mit ihren unverwechselbaren, vielschichtigen Gerüchen. Der Duft von Soja- und Sesamöl in einem chinesischen Restaurant. Der vertraute schwere Duft von Käse und Tomatensauce in einer Pizzeria. Der salzige Meeresgeruch in einer Austernbar. Der starke, durchdringende Geruch von Paprikaschoten und Chilisauce in einer Cantina des Südwestens.

Babe zaubert nun ein bißchen und bringt Sie dazu, die Gerüche aufzusuchen, die Sie in die Kindheit entführen. Gebuttertes Popcorn im Kino. Der Atem eines kleinen Hundes. Kreidestaub. Der Innenraum des neuen elterlichen Autos. Der Geruch von Pfeifentabak. Der mächtige Gestank von Diesellokomotiven. Der schmelzende Teer einer Schotterstraße.

Denken Sie nun an Gerüche aus Ihrem früheren Leben, und Babe wird Sie auch dorthin bringen. Im Verein mit ihnen werden sich weitere Gerüche einstellen, weitere Erinnerungen...

Jede Jahreszeit hat ihren Duft, und Babe kennt sie alle. Bereitwillig genießen Sie den feuchten, warmen Geruch des Frühlings, wenn die Bäume allmählich grün werden. Das frisch gemähte Gras des Sommers. Die verräucherte Schärfe brennenden Laubs im Herbst. Die winterliche Wärme frisch gerösteter Kastanien.

Zum Finale nimmt Babe Sie in einen Zirkus mit, wo fremde Gerüche sich mit den vertrauteren nach Sägemehl und Erdnüssen mischen. Der pelzige Geruch eingesperrter Tiger. Der Feuerschlukker, der nach Rauch und Benzin stinkt. Sind Sie überrascht, wie süß ein Elefant riecht? Oder freudig erregt durch den Geruch nach Angst, den eine Menschenmenge ausströmt, die einem Mann auf einem Drahtseil zuschaut?

Babe hat seinen eigenen Zirkuslieblingsduft. Dankbar schnuppert es an der aufdringlichen Süße eines rosafarbenen Zuckerwatte-Kissens, taucht hinein und verschwindet.

Gerüche sind primitiv und mächtig, aber auch subtil und evokativ. Sie geben uns Hinweise zu unserem Schutz wie auch zu unserer Verführung. Wenn Sie Ihrer Nase folgen, verschlägt es Sie nur allzu leicht an eine Vielzahl interessanter Orte – Grillparties, Strände, Buchantiquariate, in die Arme eines geliebten Menschen. Wenn Sie Ihrer Nase folgen, spüren Sie die Aromen des Lebens auf, Sie erfahren, wann es voranzuschreiten gilt und wann Sie besser zurückweichen sollten, wann Sie sich in ein Abenteuer stürzen oder eher um Ihr Leben rennen sollten.

Wußten Sie, daß Sie in der Lage sind, mehr als zehntausend verschiedene Gerüche zu erkennen? Und die Sache hat durchaus einen praktischen Nutzen in einer Welt, in der schmorende Kabel, leckende Gastanks und defekte Kühlanlagen uns nur allzu viele industrielle Türen öffnen, durch die wir uns jederzeit aus diesem Leben verabschieden können.

Aber unsere Nasen sind nichts im Vergleich zu denen unserer Freunde auf vier Pfoten. Möglich, daß Schweinchen Babe eine Feinschmeckernase hat, aber im Vergleich zu Cousine Minnette aus dem französischen Périgord wirkt Babe eindeutig anosmisch, das heißt wie jemand »ohne Geruchsssinn«.

Minnette ist eine Trüffelsau, und mit unbeirrbarer Leidenschaft spürt sie diese sagenhaft teuren, appetitlichen Pilze auf und gräbt sie aus, obwohl sie unter einer fünfzehn Zentimeter dicken Erdschicht verborgen sind.

Warum? Weil Trüffel für Minnette komischerweise duften wie ein brünstiger Eber. Aber so seltsam ist das vielleicht gar nicht. Wie viele Frauen aus Ihrem Bekanntenkreis geben Unsummen für Parfüms und Körperlotionen aus, um einem sexuell attraktiven Langweiler nachzujagen?

Nicht zu vergessen Hunde. Ich selber besitze einen uralten Hund, der nach Hundemaßstäben weit über einhundert Jahre alt sein dürfte. Er sieht nicht mehr allzu gut, und sein Gehör schwindet allmählich, aber seine Nase ist alterslos.

Neulich folgte ich ihm, während er sich auf wackeligen Beinen, aber sicher durch die Nachbarschaft schnüffelte. Jede Straße war für ihn eine olfaktorische Zivilisation – hier ein Museum aus alten Abfällen, dort ein Krankenhaus alter Knochen, längst Vergangenes und die Neuigkeiten des Tages, geschrieben auf Bordsteinkanten und an Bäume, von Hunden, die etwas von sich dort zurückließen.

»Hallo Barnaby und all ihr anderen Hunde, die ihr hier vorbeischlendert«, scheint die Duftbotschaft zu sagen, »hier ist Poopsie, der Spaniel. Ich habe gerade ein paar Fleischstückchen aus den Abfällen des Restaurants unten am Ende des Häuserblocks gefressen. Los, sucht mich, und wir versuchen noch mehr zu erwischen.«

Und da ist Barnaby schon und heftet sich auf die Spur der Moleküle von Poopsies Pfoten, wie der Bluthund, der er gar nicht ist. Rasch hat er Poopsie aufgespürt, und die beiden beschnüffeln sich dankbar. Mit vereinten Nasen stürzen sie sich in neue olfaktorische Abenteuer.

Ich seufze neidvoll und gehe nach Hause zurück. Was hat Barnaby, das ich nicht habe?

Ungefähr vierundvierzigmal so viele Geruchsrezeptoren. Meine Vorfahren erhoben – im Gegensatz zu Barnabys Ahnen – ihre Nasen vom Boden und verloren dabei mehrere hundert Millionen Rezeptoren. Dennoch besitzen wir Menschen immer noch genügend – etwa fünf Millionen –, um unsere an Düften reiche Welt sinnlich erleben zu können.

Wie viele Gerüche können Sie in dem Raum, in dem Sie lesen, in diesem Augenblick wahrnehmen? Laufen Sie herum, spüren Sie den Wandschrank auf, Ihre Schuhe, den Läufer, die Rückstände von Reinigungsmitteln, Blumen, Pflanzen, andere Menschen oder Tiere und sogar sich selbst. Ziehen Sie Schubladen auf und nehmen Sie eine ordentliche Prise. Schieben Sie sie wieder zu und prüfen Sie, ob die Gerüche haften bleiben. Fördert irgendein Geruch einen plötzlichen Schwall von Erinnerungen zutage?

Das Erinnerungsvermögen ist an Gerüche gebunden. Ich selber kann beispielsweise das Parfüm »Evening in Paris« nicht riechen, ohne die Zeit rückwärts zu durcheilen und noch einmal die Qualen meiner ersten Verabredung zu durchleben.

Öffnen Sie das Fenster und atmen Sie die Vielfalt der eindringenden Gerüche ein, welche die Gerüche des Zimmers verdrängen.

Früher einmal, es ist Jahre her, schrieb mein Dad, ein Komödienautor, Witze für Jimmy Durante, ein wunderlichen Herrn mit einem Riesenzinken. »*Da nose knows*, Töchterchen Nase weiß Bescheid«, pflegte er zu erklären, während er sich auf sein berühmtestes Merkmal tippte. Und recht hatte er!

Jedes Schnüffeln bringt die Welt durch Ihre Nase zu Ihnen. Schätzungen zufolge wandern Moleküle jedes Lebewesens auf diesem Planeten im Drei-Wochen-Rhythmus durch unseren Atmungsapparat – Moleküle von Tante Anna, vom französischen Staatspräsidenten, von einer Giraffe aus Kenia. Stellen Sie sich nur einmal die Datenmenge vor, die Sie aus der Atmosphäre durch Ihre Nase herunterladen.

Tatsächlich geht es bei Ihrem Atem ausschließlich um die Atmosphäre. Atmen Sie ein, und Sie führen Körper und Geist den Sauerstoff zu, den beide benötigen, um Sie am Leben zu erhalten; atmen Sie aus, und Ihnen entströmt das Kohlendioxid, das die Pflanzen brauchen, um existieren zu können.

Konzentrieren Sie sich auf Ihren Atem, folgen Sie ihm ungefähr einhundert Mal auf seinem Weg durch den Körper und wieder hinaus, und achten Sie auf die direkten Veränderungen Ihres Bewußtseins.

Bewußtes Atmen ist der Schlüssel zu allen Meditationssystemen auf der ganzen Welt. Ob Yoga, Tai-Chi, Za-Zen oder andere östliche Übungen, alle Disziplinen bedienen sich der Atmung als Grundlage. Bewußtes Atmen entspannt, löst Streß, sorgt dafür, daß Sie Ihre körperliche Ausgeglichenheit wiedererlangen, beruhigt und stärkt den Geist und führt Sie sogar zum Ursprung Ihrer Existenz.

Nehmen Sie sich also die nächsten paar Minuten Zeit und konzentrieren Sie sich ausschließlich auf Ihre Atmung, das lange Einatmen und das lange Ausatmen. Denken Sie an nichts anderes als an Ihr Atmen und an das Gespür, so daß Sie reine Atmosphäre werden. Schon bald ist Ihr Bewußtsein genauso durchscheinend wie die Sie umgebende Luft. Oder es wird so werden, sollten Sie diese Übung fortsetzen.

Halten Sie sich nun bitte unter die Nase, was immer Sie auch zu diesem Zweck ausgesucht haben. Ich habe soeben das Aroma des Duftsträußchens eingeatmet und finde mich von Düften umspült wieder – nach alten Rosen, getrockneten Orangenschalen, Kiefernzapfen, Lavendel. Weit davon entfernt, bloß interessant zu sein, haben sich die Wohlgerüche jetzt, wo mein Geruchssinn aktiviert ist, in meinem Kopf eingenistet und werden zu einem Teil von mir.

Während ich diese Zeilen schreibe, ist Barnaby, naß vom Regen, gerade von einer seiner olfaktorischen Spritztouren hereingekommen. Statt empört die Nase zu rümpfen, atme ich die feuchte, pelzige Wärme ein, die seinem dicken Akita-Fell* entströmt.

---

* Akita; kräftige japanische Hunderasse, ursprünglich zur Jagd eingesetzt, heute vielfach Wachhunde.

Jetzt sind Sie an der Reihe. Achten Sie darauf, was mit Ihrem olfaktorischen Sinn geschehen ist – die genaue Form und Gegenwart, gar die Persönlichkeit dessen, woran Sie riechen. Es ist jetzt anders, nicht wahr?

Und sollten Sie den Wunsch verspüren, diese aromatische Fähigkeit zu besitzen, dann kann Ihr Geruchssinn durch Aktivitäten wie die von mir angeregten verbessert werden.

Im folgenden finden Sie ein paar Dinge, die Sie tun können, um Ihre Nase weiter zu schulen:

* Erkunden Sie mit der Nase den Inhalt Ihrer Küchenschränke. Genießen Sie die Extrakte, Gewürze und Aromastoffe. Lassen Sie sich von ihnen ihre Geschichte erzählen. Versuchen Sie sich allein aufgrund der Gerüche die Länder ins Gedächtnis zu rufen, aus denen sie stammen.
* Gehen Sie in die Parfümerie-Abteilung eines Kaufhauses und versuchen Sie zwischen den verschiedenen Düften, die Ihnen zur Probe angeboten werden, zu unterscheiden. Achten Sie besonders auf die Unterschiede zwischen Parfum für Männer und für Frauen.
* Verbrennen Sie versuchsweise verschiedene Sorten Weihrauch. Seit Tausenden von Jahren wird Weihrauch verbrannt, um die Nasen der Götter zu reizen, damit sie vielleicht zurückkommen und die Welt verbessern. Achten Sie darauf, was beim Verbrennen von Weihrauch mit der allgemeinen Atmosphäre Ihres Heims geschieht.
* Lesen Sie in der Bibel das Lied der Lieder und versuchen Sie in Ihrer Phantasie die Reihe der dort angebotenen Aromen zu riechen.
* Schnuppern Sie an etwas, das als Kind eine Bedeutung für Sie hatte, irgend etwas zu essen vielleicht, und achten Sie darauf, wie viele Erinnerungen Ihnen dabei kommen.
* Nehmen Sie morgen früh bewußt die Vielzahl der Gerüche wahr, die Ihnen bei Ihren allmorgendlichen Ritualen in die Nase steigen: Zahnpasta, Seife, Shampoo, Kaffee, Tee, Toast, die Morgenzeitung usw.

* Achten Sie auf die verschiedenen Gerüche, die Ihre täglichen Verrichtungen begleiten, und listen Sie sie auf: Bürogerüche, Autoausdünstungen, Gerüche bei Besuchen anderer Häuser oder Orte, Mittagessendüfte, die Düfte der Tages- und der Nachtzeit.

* * *

Wir spitzen die Ohren beim Klang eines mit Eleganz und Begeisterung gespielten Klaviers. Wir folgen der Musik und stellen fest, daß Mozart höchstpersönlich am Flügel sitzt. Mit einem brillanten Lauf aus ansteigenden Skalen und einem gewaltigen Schlußakkord erhebt er sich vergnügt, um uns zu begrüßen.

Wir folgen dem Klipp-Klipp seiner hochhackigen Schuhe einen glänzenden steinernen Flur hinunter und betreten einen großen Salon, wo ein Orchester bereitsitzt, um für uns zu spielen.

Nacheinander erheben die Instrumente ihre charakteristische Stimme. Wir hören das blecherne Tata der Trompete, die durchdringende Süße der Flöte, die einschmeichelnde Wärme des Cellos, das gefühlvolle Vibrato der Geige, den Schlag der Trommel, die himmlischen Kaskaden der Harfe, die sinnlichen und zerbrechlichen Töne der Oboe.

Mozart hebt die Arme, um zu dirigieren, jedes Instrument fällt ein, und es erklingt *Eine kleine Nachtmusik*. Wie wunderbar, daß aus dem Zittern von Molekülen in der Luft soviel Schönheit erwachsen kann!

Mozart erklärt, daß er beim Komponieren die Musik zuerst im Kopf hört und sie anschließend niederschreibt. Er fordert Sie auf, der Musik in Ihrem Inneren zu lauschen.

Versuchen Sie es jetzt und stellen Sie fest, welche Musik Sie mit geschlossenen Augen hören. Horchen Sie auf die Lieder oder Stilrichtungen, die Sie besonders mögen. Mir schwimmen jedesmal die Augen vor Tränen, wenn ich die alte englische Weise »Greensleeves« höre, während der ausgelassene Überschwang von Melodien aus Broadway-Shows mich mitreißt.

Vielleicht haben Sie eine besondere Schwäche für einen alten

Beatles-Song oder den bodenständigen rhythmischen Schwung moderner Country Music oder einen bestimmten Film-Soundtrack. Schließen Sie einen Moment die Augen und lauschen Sie Ihrer Lieblingsmusik...

Mozart findet unsere moderne Musik sehr lustig und fängt an zu lachen. Plötzlich ist überall Lachen. Glucksende Säuglinge, das hohe Kreischen unbändiger Kinder, kichernde halbwüchsige Mädchen. Gejohle und Gekicher, leises Lachen und Gegibbel, bierseliges Gelächter und heisere Schreie hüllen Sie in Wellen der Heiterkeit.

Immer noch lachend, entführt Mozart uns in die Straßen Wiens im 18. Jahrhundert. Ihre Klangwelt unterscheidet sich völlig von derjenigen unserer Großstadtstraßen. Alle möglichen Verkäufer schieben Karren über das Kopfsteinpflaster und preisen schreiend ihre Waren an: »Fisch, frischer Fisch!« »Pfirsiche. Wer will meine saftigen, reifen Pfirsiche kaufen!« »Altkleider zu verkaufen.«

Sie hören donnerndes Hufgetrappel, als die von einem berittenen Posten eskortierte prächtige Kutsche eines Fürsten von Rang vorbeirauscht. Dahinter nähern sich die rhythmisch marschierenden Stiefel einer königlichen Truppe und das Rascheln langer Frauenröcke, die über den Erdboden schleifen. Es scheint, als ertöne aus jedem geöffneten Fenster ein Musikinstrument. Wien ist die Stadt der Musik, und jedermann musiziert.

Sie biegen um eine Ecke und befinden sich plötzlich in einer modernen Stadt mit ihrer völlig anderen mechanischen Geräuschkulisse. Mozart staunt über den Verkehrslärm, das Heulen der Sirene eines Feuerwehrautos, das Stottern und Aufheulen eines Motorrads, das gerade angelassen wird, und das Jaulen eines Düsenjets über Ihren Köpfen.

Er hält sich die Ohren zu, als Sie an einem Mann vorbeigehen, der mit einem Preßlufthammer Beton zertrümmert. Sie nehmen Mozart mit in ein Bürogebäude, wo ihn das Klingeln eines Telefons, das Klicken einer Computertastatur, das Summen eines Fotokopierers verwirren und faszinieren. »Ich könnte das alles in mein nächstes Konzert einbauen«, bemerkt er zu Ihnen gewandt.

Beim Verlassen des Gebäudes winken Sie einen Bus herbei, dessen Bremsen quietschen, als er mit heulendem Motor anhält. Nach kurzer Fahrt steigen Sie an einem Park aus, und Mozart wirkt erleichtert, endlich Vogelgezwitscher zu hören. Er wird von einem laufenden Baseballspiel angelockt, vom Klacken des Schlagholzes, das einen Homerun schlägt, und vom anschließenden Gebrüll der Zuschauer.

Ganz besonders interessiert ihn die Vielfalt menschlicher Stimmen, die er in dem Park hört. Lauschen Sie mit ihm gemeinsam der Mutter, die auf einer Bank sitzt und ihrem Kind eine Geschichte vorliest. Ein bißchen weiter weg tragen zwei Verliebte sich gegenseitig Gedichte vor. Geben Sie auf die drei alten Männer acht, die mit erhobenen Stimmen in einen lautstarken Streit verwickelt sind.

Jetzt setzen Sie sich zusammen hin, und Mozart bittet Sie, ihm weitere moderne Klänge zu beschreiben. Möchten Sie ihm vom abgehackten Countdown für einen Weltraumstart und dem Geräusch der aufsteigenden Rakete erzählen? Vom Klang der Stimme Martin Luther Kings, als er die Worte seiner großartigen Beschwörung spricht: »Ich habe einen Traum!«? Von den Geräuschschnipseln aus einem Radio, während Sie alle möglichen Sender abtasten. Vom Babum, Babum, Babum eines Herzschlags im Stethoskop eines Arztes?

Gemeinsam fragen Sie sich, mit welcher Art von Stimme das Universum wohl spricht. Dem Singsang des Om? Dem Zischen der Sterne? Oder ist es das Schweigen, in dem alle Geräusche enthalten sind?

Während Sie diese Frage erörtern, marschiert eine Band vorbei, die »When the Saints Go Marching In« spielt. Mozart springt entzückt hoch und schließt sich trommelschlagend den Musikern an. Mit einem Winken sagen Sie ihm Lebewohl.

Nachdem Ihr Gehör nun durch die Abenteuer mit Mozart äußerst geschärft sind, halten Sie einen Moment inne, um über den Mechanismus des Hörens nachzudenken. Das Ohr erscheint beinahe wie die Erfindung eines Gottes, der sich als wildgewordener Rube

Goldberg gebärdet.* Denken Sie an die Kette ungeheurer Ereignisse, die jedesmal abrollt, wenn wir ein Geräusch hören.

Schallwellen kommen wie Wogen herangerollt, wobei Neuigkeiten aus dem Universum gegen das Trommelfell hämmern. Die vibrierende Membran überträgt ihre Schwingungen auf drei winzige Gehörknöchelchen mit den seltsamen Bezeichnungen Hammer, Amboß und Steigbügel. Der Kopf des Hammerknochen schwingt gegen den Sockel des Amboßknochens, der seinerseits in Schwingung versetzt wird. Der Amboßknochen gibt die Schallwellen an den Steigbügelknochen weiter, der gegen die Flüssigkeit im Innenohr drückt. Im Innenohr befindet sich eine schneckenförmige, Cochlea genannte Muschel. Ihre winzigen, haarähnlichen Antennen, die Fasern des Hörnervs, schwingen in den Schallwellen und veranlassen nahegelegene Nervenzellen, Botschaften an das Gehirn auszusenden.

All das ist notwendig, damit wir Grillen zirpen, Spaghetti kochen und Johnny pfeifen hören. All das braucht es, um zu enthüllen, daß alles Energie, Vibration, Frequenz und Resonanz ist. Selbst die massivsten materiellen Objekte sind letzten Endes nichts anderes als ein Tanz sich ständig verändernder Kraftfelder. Im Kern ist die Realität reinster Rhythmus, reinste Musik.

Die Welt ist Klang.

Doch wenn Sie einer anderen Stimme intensiv lauschen, vernehmen Sie mehr als bloß Laute. Sie hören auch die Obertöne der Absicht, die Untertöne der Emotion, die Melodie der Seele des Sprechers. Jeder Laut, jede Stimme ist das Universum en miniature.

Intensives Zuhören ist eine Kunst, die man erlernen kann. Man fängt an, indem man auf vertraute Geräusche achtet – Wind, Regen, das Schnurren einer Katze, das Klappern von Töpfen bei der Zubereitung des Abendessens, Flüssigkeit, die in ein Glas fließt, das Surren des Heizkessels oder der Klimaanlage.

---

* Reuben Lucius (»Rube«) Goldberg (1883–1970), amerikanischer Cartoonist, in dessen Werk häufig abstrus-komplizierte Erfindungen eine Rolle spielen.

Bald schon erkennen Sie, daß intensives Zuhören den ganzen Körper miteinbezieht. Sie hören nicht nur mit den Ohren, sondern auch mit den Schädelknochen und allem, was mit ihnen verbunden ist. Ein scharfes Geräusch läßt Ihnen die Haare zu Berge stehen. Eine liebliche Melodie entspannt und lockert die verspannte Rückenmuskulatur.

Wenn Sie das Ganzkörperhören üben möchten, probieren Sie das folgende faszinierende Experiment aus. Hören Sie sich Ihr Lieblingsmusikstück an, als seien Sie das Instrument und die Musik spiele auf Ihnen. Bald verstehen Sie, was der Dichter T. S. Eliot in den *Vier Quartetten* beschrieb:

Musik, die so innig gehört wird,
Daß du sie nicht mehr hörst, weil du selbst die Musik bist,
Solange sie forttönt. *

Üben Sie sich auch darin, den Menschen Ihrer Umgebung genauer zuzuhören – Familienmitgliedern, Freunden, Arbeitskollegen. Geben Sie acht, wie die vereinten Stimmen eine Art Konzert erzeugen. Wie bei jeder großartigen Musik sind die vernommenen Töne und Worte wichtig, aber ebenso wichtig ist das, was unhörbar bleibt – die ungesungenen Melodien, die nicht gesprochenen Worte, das Schweigen.

Lassen Sie alle Teile Ihres Körpers und Geistes Botschaften empfangen, nicht nur Ihre Ohren. Und versuchen Sie dann aus Herz und Bauch, Knochen und Verstand heraus, ja sogar mit Schweigen, zu antworten.

Ihre Stimme ist das Vehikel Ihrer innersten Absichten Und doch

---

* *Music heard so deeply*
That it is not heard at all, but you are the music
While the music lasts.
aus: T. S. Eliot, *Gesammelte Gedichte 1909–1962*, hg. und mit einem Nachwort von Eva Hesse, Frankfurt/Main 1972, S. 316 f. (T. S. Eliot, *Werke* 4).

kann die Stimme unsere wahren Empfindungen sabotieren. Ich habe eine sehr intelligente Freundin, die eine Art emotionales Genie ist, jedoch mit einer derart ausdruckslosen, monotonen Stimme spricht, daß das, was sie vermitteln möchte, buchstäblich auf taube Ohren stößt.

Um dem abzuhelfen, schlug ich vor, sie solle sich täglich zehn Minuten lang laut Gedichte vorlesen und dabei die Leidenschaft und das Pathos, das sie bei den Worten empfindet, in ihren Tonfall einfließen lassen. Nachdem sie meinen Ratschlag ein paar Wochen lang befolgt hatte, fingen die Leute allmählich an, ihrer nun sehr viel einnehmenderen Stimme Gehör zu schenken.

Vergessen Sie nicht, daß Sie ein Meister der Klangerzeugung sind. Summen Sie »Mmmmmm«. Stecken Sie sich anschließend die Finger in die Ohren und summen Sie noch einmal. Sie werden spüren, wie Ihr Kopf von seiner eigenen Musik vibriert. Singen Sie anschließend mit den Fingern in den Ohren laut ein erhebendes Lied oder eine Hymne wie »Amazing Grace«.

Singen Sie sich dann selber etwas über Ihr Leben vor, wie es heute ist und wie Sie es gern hätten. Erfinden Sie den Text. Lassen Sie der Melodie freien Lauf.

Indem Sie Ihren Geist musizieren lassen, schenken Sie sich selber kraftvolle Klänge, mit denen Sie Ihre Existenz neu gestalten können.

Ist das Zauberei? Ja, aber es ist auch eine Art höhere Wissenschaft.

Würden Sie nun bitte dem zuhören, was Sie zu dieser Sitzung mitgebracht haben, ganz gleich, worum es sich handelt. Schließen Sie die Augen und erleben Sie den Klang mit jeder Faser Ihres Körpers. Wehren Sie sich nicht gegen dadurch ausgelöste Erinnerungen und Assoziationen, Farben, visuelle Metaphern, Muskelreize.

Wenn es das ist, was Sie möchten, dann reden Sie sich selber ein, daß Ihr Gehör und Ihre Fähigkeit, genau zuzuhören, fortan geschärft sind.

Es gibt noch ein paar weitere Möglichkeiten, die Welt lebhafter wahrzunehmen:

* Hören Sie sich alle mögliche Musik an. Achten Sie auf jede musikalische Form, Farbe und den emotionalen Ton. Hören Sie zu, als käme der Klang irgendwo ganz tief aus Ihrem Inneren.
* Singen Sie, wo Sie gerade sind – unter der Dusche, im Auto, beim Radiohören und besonders mit Freunden. Nur zu, singen Sie jetzt sofort etwas.
* Um Ihre Stimme kräftiger und klarer zu machen, summen Sie in jeder Tonlage. Fangen Sie mit dem tiefsten Summen an, das Sie zuwege bringen. Summen Sie sich dann allmählich in die Höhe, so hoch, wie Sie es ohne übermäßige Anstrengung schaffen.
* Lesen Sie einem Kind, Ihren Großeltern oder sonst jemandem, der zuhören will, vor. Lesen Sie Gedichte und Theaterstücke, Erzählungen und Romane, ja selbst Artikel aus Zeitungen und Illustrierten.
* Gehen Sie in ein Sinfoniekonzert oder besuchen Sie eine musikalische Matinee in Ihrer Stadt. Lauschen Sie der Reihe nach dem einzigartigen Klang jedes einzelnen Instruments. Achten Sie bei einem Stück nur auf Trommeln, Becken und andere Percussion-Instrumente. Konzentrieren Sie sich bei einem anderen auf Hörner und Kontrabaß. Zerlegen Sie die Musik im Geiste in ihre Bestandteile und fügen Sie die Bruchstücke anschließend wieder zusammen.
* Setzen Sie sich regelmäßig still in einen Wald oder einen Park oder an einen Strand, schließen Sie die Augen und hören Sie einfach nur zu.
* Beten Sie und horchen Sie auf die Antwort.
* Setzen Sie sich dorthin, wo Sie gerade sind, und zählen Sie mit geschlossenen Augen alle Geräusche, die Sie innerhalb von fünf Minuten von Ihrem Platz aus wahrnehmen. Das Heizgerät, das plötzliche Hupen eines Autos unten auf der Straße, das Tropfen des Wassers vom gestrigen Regen aus der Dachrinne.

* * *

Jetzt, wo wir die fünf Sinne erkundet und die Leistung jedes einzelnen für uns erörtert haben, wollen wir den Berg des Ich verlassen und in die äußere Welt zurückkehren, um zu sehen, was wir gewonnen haben. Nachdem Sie die Tür zur Sphäre der Sinne hinter sich geschlossen haben, folgen Sie dem inneren Pfad zurück zur Spitze des Berges, klettern Sie ins Freie, rücken Sie die Steinplatte wieder an ihren Platz und steigen Sie den äußeren Pfad hinab in die Alltagswelt.

Vielleicht möchten Sie das Buch jetzt für einen Moment zur Seite legen, sich strecken und ein wenig auf und ab gehen oder auch draußen einen Spaziergang machen. Geben Sie auf Ihre Sinneseindrücke acht. Nehmen Sie alles schärfer, klarer, kräftiger wahr? Regelmäßige Stippvisiten in der sinnlichen Sphäre, entweder in der Phantasie oder vermittels der von mir vorgeschlagenen Aktivitäten, steigern die innere und äußere Wahrnehmungsfähigkeit.

Sollten Ihnen imaginative Reisen ohne die Stimme eines Führers als schwierig erscheinen, machen Sie eine Bandaufnahme und geleiten Sie sich selber durch das Reich der Sinne. Geben Sie sich dabei wundervolle Dinge zu berühren, zu riechen, zu schmecken und zu hören.

Oder üben Sie, indem Sie aufmerksam und mit wachem Verstand einen Spaziergang machen, eine Mahlzeit zu sich nehmen oder sich ein Musikstück anhören. Schließen Sie anschließend die Augen und vergegenwärtigen Sie sich die soeben erhaltenen sinnlichen Eindrücke in Ihrer inneren Welt so lebhaft wie möglich.

Regelmäßige Übung fördert die Entwicklung neuer Verbindungen im Denkapparat, die Einrichtung geistiger Pforten zwischen innerer und äußerer Realität. Sind diese Pforten erst einmal geöffnet, kann der Handelsverkehr zwischen imaginativer und Alltagswelt ungehindert fließen. In der Überbrückung der Kontinente von Geist und Körper liegt der Schlüssel zu einem Leben in einer umfassenderen und dynamischeren Wirklichkeit.

Häufige Besuche können aus Ihnen eine Intronautin machen – eine furchtlose Erforscherin Ihrer inwendigen Sphären. Oder, wenn

Ihnen Computermetaphern mehr zusagen, Sie können innerlich vernetzt werden, on-line, mit direktem Zugang zu einer Welt, die reicher und faszinierender ist als alles, was Sie sich früher in der Phantasie vorgestellt haben.

Mit wachsender Fertigkeit zum Brückenschlag zwischen innerer und äußerer Realität werden einige sehr bemerkenswerte Dinge möglich. Eine verbesserte Imaginationskraft befähigt Sie, Blaupausen oder Muster für etwas anzufertigen, das Sie in der äußeren Welt verwirklichen wollen.

Ich möchte Ihnen zeigen, was ich meine.

Denken Sie einen Moment über etwas nach, was Sie im Laufe des nächsten Jahres gern tun oder erschaffen würden. Vielleicht ist es ein künstlerisches Projekt. Oder eine neue Fertigkeit, die Sie erwerben möchten. Es kann sogar eine andere Stimmung, Seinsweise oder Lebensqualität sein. Ich nenne diesen Schritt »Festlegung Ihrer kreativen Absicht«.

Stellen Sie sich nun in Ihrer Phantasie so lebhaft wie möglich vor, Sie seien mit Feuereifer mitten bei der Verwirklichung Ihrer Absicht. Vielleicht sehen Sie sich, wie Sie ein Buch schreiben, ein Lied komponieren, neue Freundschaften schließen, wie es Ihnen gut oder noch besser geht, wie Sie sich in einem neuen Beruf versuchen oder in Ihrem gegenwärtigen neue Wege entdecken. Achten Sie besonders auf die beteiligten Sinne. Was sehen, riechen, hören, berühren und schmecken Sie, während Sie sich einer dieser Aktivitäten widmen?

Was auch immer Sie beabsichtigen, stehen Sie jetzt auf und spielen Sie es durch. Setzen Sie dabei soviel von Ihrem Körper ein, wie für die Aktivität notwendig ist. Wichtig ist, daß Ihr Körper sich tatsächlich bewegt und Sie die erfolgreiche Realisierung der Absicht so wirklichkeitsgetreu wie möglich aufführen. Wenn Sie dabei gern ein wenig zündende Begleitmusik hätten, kein Problem, schalten Sie ruhig welche ein.

Wenden Sie sich jetzt wieder Ihrer Imaginationskraft zu und fahren Sie ohne körperliche Bewegung mit der Aufführung Ihrer Absicht fort. Aktivieren Sie diesmal stärker Ihre inneren Sinne, indem Sie neue Sinneseindrücke hinzufügen, die Ihnen kommen. Tun Sie das mehrere Minuten lang.

Spielen Sie die Absicht anschließend erneut mit Ihrem ganzen Körper durch, indem Sie sich die Sinneseindrücke vorstellen, während Ihr Körper die Bewegungen mitmacht. Wechseln Sie mehrmals zwischen körperlicher und imaginativer Inszenierung.

Wenn Sie fertig sind, stellen Sie fest, was Sie nun von dem anvisierten Projekt halten. Steckt es Ihnen in den Knochen? Können Sie es als wachsenden Teil von sich spüren? Ist es realer als vorher? Sind Sie aus dem Lagerhaus der Wahrnehmungen, das sie kürzlich besuchten, mit ein paar neuen Ideen hinsichtlich des Projekts zurückgekehrt?

Jedesmal, wenn ich mich mit Menschen befasse, die Dinge wirklich zu Ende führen – Menschen, die nicht auf halbem Wege aufgeben, wie so viele von uns –, stelle ich beinahe unweigerlich fest, daß sie sich einer ähnlichen Übung bedienen. Sie vollenden ihre Aufgaben in der äußeren Welt, weil sie ständig von einer aus der Innenwelt kommenden Begeisterung für das Mögliche inspiriert und angetrieben werden. Ihre Projekte wachsen von innen heraus statt andersherum.

Sie können sich beglückwünschen! Beim Erlernen der Kunst, Ihre Träume zu offenbaren, haben sie einen ausgezeichneten Start gehabt. Wenn Sie Ihren geschärften Sinnen die Energien der psychologischen, der mythischen und der geistigen Sphäre hinzufügen, dürfte Ihre Leistungsfähigkeit wirklich hervorragend sein.

Besuch in der psychologischen Sphäre

Es interessiert mich nicht, womit du deinen Lebensunterhalt bestreitest. Ich möchte wissen, wonach du dich sehnst und ob du von der Erfüllung deiner innersten Sehnsucht zu träumen wagst.

Es interessiert mich nicht, wie alt du bist. Ich möchte wissen, ob du es aus Liebe, wegen deiner Träume oder für das Abenteuer Leben riskierst, wie ein Narr dazustehen.

Es interessiert mich nicht, welche Planeten mit deinem Mond übereinstimmen. Ich möchte wissen, ob du das Zentrum deines eigenen Kummers berührt hast, ob du durch die Enttäuschungen des Lebens offen wurdest oder ob die Angst vor weiterem Schmerz dich innerlich ausgetrocknet und verschlossen hat! Ich möchte wissen, ob du bei einem Schmerz, meinem oder deinem eigenen, ruhig verweilen kannst, ohne Schritte zu unternehmen, ihn zu verbergen, auszublenden oder zu beheben. Ich möchte wissen, ob du mit FREUDE, meiner oder deiner eigenen, existieren kannst; ob du wild tanzen und dich von der Ekstase bis in die Finger- und Zehenspitzen erfüllen lassen kannst, ohne uns zu ermahnen, vorsichtig und realistisch zu sein, oder ohne uns an die Beschränkungen menschlicher Existenz zu erinnern.

Es interessiert mich nicht, ob die Geschichte, die du mir erzählst, wahr ist. Ich möchte wissen, ob du imstande bist, einen anderen zu enttäuschen, um dir selber treu zu bleiben; ob du den Vorwurf des Verrats ertragen kannst und ob du deine eigene Seele nicht verrätst. Ich möchte wissen, ob du treulos und also vertrauenswürdig sein kannst. Ich möchte wissen, ob du Schönheit erkennen kannst, auch wenn sie nicht jeden Tag hübsch ist, und ob du dein Leben aus IHRER Gegenwart heraus begründen kannst. Ich möchte wissen, ob du mit dem Versagen, deinem und meinem, leben und nach wie vor am Ufer eines Sees stehen und der silbernen Scheibe des Mondes ein »JA!« entgegenschreien kannst.

Ich will gar nicht wissen, wo du wohnst oder wieviel Geld du hast. Ich möchte wissen, ob du im Anschluß an die Nacht voller Kummer und Verzweiflung, matt und im Innersten verletzt, aufstehen kannst und imstande bist, zu tun, was getan werden muß, damit die Kinder satt werden.

Es interessiert mich nicht, wer du bist und wie du schließlich hierher gelangt bist. Ich möchte wissen, ob du mit mir inmitten des Feuers stehen und nicht zurückschrecken wirst.

Es interessiert mich nicht, wo oder was oder mit wem du studiert hast. Ich möchte wissen, was dich von innen heraus hält, wenn alles andere wegfällt. Ich möchte wissen, ob du mit dir allein sein kannst und ob dir deine eigene Gesellschaft in den leeren Augenblicken wirklich gefällt.

Oriah Mountain Dreamer, »The Invitation«

Gewöhnlich stehen wir, wenn etwas Bedeutsames geschieht, vor der Notwendigkeit, tiefer in uns selber vorzustoßen. In den Übergangsphasen des Lebens – Heirat, Scheidung, Geburt eines Kindes, Tod eines Elternteils oder Ehepartners, wichtige Beförderung oder Verlust des Arbeitsplatzes, Auszug des letzten Kindes, schwere Krankheit – kommen Emotionen und psychologische Reaktionen an die Oberfläche, und die Umstände zwingen oftmals zur Gewissensprüfung.

In solchen Zeiten können wir uns der Musik unseres Lebens entweder stellen oder vor der Begegnung zurückschrecken und eine verkümmerte Existenz führen.

Kürzlich hatte ich die einzigartige Gelegenheit, am eigenen Leib zu erfahren, wie es ist, von den Enttäuschungen des Lebens geöffnet zu werden und zu entdecken, was uns von innen heraus aufrechthält, wenn alles andere wegfällt. Obwohl ich die Erfahrung nicht unbedingt wiederholen möchte, haben mir die Lektionen der letzten anderthalb Jahre – wie die meisten ungeplanten Exkursionen ins Reich persönlicher Psychologie – vieles über das gezeigt, was mir wirklich wichtig ist.

Bevor wir gemeinsam in dieses fruchtbare, gleichwohl gelegentlich wilde und verworrene Territorium aufbrechen, möchte ich Ihnen ein wenig von dem mitteilen, was ich bei meinem jüngsten Abenteuer auf der psychologischen Ebene meines inneren Berges gelernt habe.

Als ich im Juni 1996 von der Verleihung eines angesehenen Forschungspreises nach Hause zurückkehrte, fand ich Veranda und Rasen meines Hauses von Reportern und Kamerateams umlagert. Alle waren auf Neuigkeiten aus über etwas, das niemals geschehen war. Beinahe anderthalb Jahre lang hatte ich der First Lady, Hillary Rodham Clinton, als eine Art intellektuelle Sparringspartnerin gedient und ihr bei der Bündelung von Ideen für das Buch geholfen, das sie gerade schrieb.

Ein Bericht, daß die First Lady und ich in einer imaginativen Übung darüber nachgedacht hätten, was Eleanor Roosevelt über die Schaffung einer besseren Gesellschaft für unsere Kinder gesagt haben könnte, führte dazu, daß die Medien auf die Jagd nach aufsehenerregendem Stoff gingen. »Séance!« schrie es von den Titelseiten der Zeitungen. »Hexerei!« Und selbst der am meisten gefürchtete Schimpfname fehlte nicht: »Guru!«

Unnötig zu sagen, daß die Verzerrungen sowohl Mrs. Clinton in Verlegenheit brachten als auch meinem Leben und meiner Karriere übel mitspielten. Praktisch jede Zeitung und Illustrierte der Welt brachte die Story, mit grob verzerrten Fakten und gewürzt mit wiehernden Randbemerkungen von Journalisten, die sich nicht ein einziges Mal die Mühe machten, irgend etwas über mich und meine Arbeit in Erfahrung zu bringen.

Als Resultat dieses öffentlichen Spotts stellte ich fest, daß mein

Ruf, den ich in dreißig Jahren erfolgreicher Arbeit im Dienste menschlicher Weiterbildung erworben hatte, nachhaltig in den Schmutz gezogen worden war, daß nervöse Sponsoren Vorträge absagten und Forschungszuschüsse zurückgezogen wurden. Ich spürte, daß ich mich in der Wahrnehmung der Öffentlichkeit über Nacht von einer angesehenen Pionierin im Grenzgebiet der Erforschung menschlicher Fähigkeiten zur lächerlichen Vertreterin einer verrückten Randgruppe gewandelt hatte.

Sicher, ich erhielt Tausende von Briefen, die mir Mut machten, und viele Menschen standen auf und verteidigten mich in Leserbriefen und Zeitungskolumnen. Aber all dies konnte meinen Schmerz über eine derartige öffentliche Demütigung nur wenig lindern.

Ich war so verletzt, daß ich eine Zeitlang dachte, mit meiner Karriere und Nützlichkeit sei es vorbei und ich müsse mich einfach aus dem öffentlichen Leben zurückziehen.

Doch viele Menschen vertrauten darauf, daß ich meine Arbeit fortsetzte, Stärke zeigte und weitermachte. Also dachte ich lange und intensiv darüber nach, was jemand tut, um angesichts einer verheerenden Erfahrung die Integrität seines Ich wiederherzustellen.

Bei einer Verletzung ist es schwer und doch unabdingbar, sich dem Geschehen auf neue Weise zuzuwenden.

Zunächst einmal dürfen wir uns und anderen gegenüber die Einzelheiten der Ereignisse oder die Menschen, die uns Schmerz zugefügt haben, nicht ständig vergegenwärtigen. Nicht um die Fakten zu leugnen, müssen wir damit aufhören, sondern um uns den Verlockungen eines beschränkten Horizonts zu entwinden und das mächtige Wachstumspotential zu nutzen, das eine weitläufigere Landschaft enthüllt.

Sodann stellen wir uns selber unangenehme Fragen: Stecken wir in einem großen Kessel aus Furcht oder einem Kelch aus lauter Möglichkeiten? Sollen wir uns Sorgen machen und jammern, oder können wir in unserem Leiden eine Hand sehen, die die Höhere Kraft uns reicht, um uns in eine neue Geschichte hineinzuziehen?

Schließlich erzählen wir unsere Geschichte noch einmal, aber nicht als minutiöse Wiederholung dessen, was geschehen ist, sondern als Erzählung, in deren Mitte das Verletzende geschieht und deren Ende die Geburt einer neuen Würde markiert.

Wie kein anderes Geschehnis öffnet persönlich Verletzendes uns für die umfassendere Realität in unserem Inneren. Leiden macht die Grenzen dessen brüchig, was wir glaubten, aushalten zu können. Und dennoch sprießt durch die solcherart entstandenen Risse die Saat von Heilung und Verwandlung.

Selber verletzlicher geworden, reichen wir anderen, die leiden, die Hand und gehen mit dem Herzen auf sie zu. Aufgrund meiner Erfahrung habe ich das Gefühl, daß ich anderen, die ihre eigenen Traumata gründlich und auf nutzbringende Weise revidieren wollen, besser helfen kann.

Abseits der persönlichen psychologischen Folgen veranlaßte mich die harsche Konfrontation mit unerwarteter und ungebetener trauriger Berühmtheit, über die tiefere Bedeutung des Geschehenen nachzudenken. Warum, so fragte ich mich, spielen die Medien verrückt, wenn ein paar intelligente Frauen zusammenkommen und versuchen, ihr Denken mit Hilfe einer Selbstversenkungs-Übung auf ein entscheidendes Problem zu konzentrieren? Letztlich war die Übung selber ziemlich normal und entsprach den psychologischen Problembewältigungs-Techniken, wie sie regelmäßig in Expertenkommissionen und Konferenzsälen von Unternehmen im ganzen Land angewandt werden. Warum genau wurden die Abendnachrichten zu einem Inquisitionstribunal?

Ich vermute, die Antwort liegt in zwei großen Phobien – der Angst vor der wachsenden Macht der Frauen und der Angst vor der Macht der Imaginationskraft und der inneren Realitäten. Vereinigen Sie beide, und Sie haben den Schatten unseres Zeitalters, eine Furcht vor Methoden und Lösungen, die auf humanen statt auf materialistischen Werten basieren.

In dem Maße, in dem Frauen einflußreiche Positionen bekleiden, geraten ihre Arbeitsweise und ihre Art zu denken immer mehr ins Rampenlicht. Durch stärkere Konzentration auf den Weg statt einfach nur auf das Ziel lösen sie Probleme, indem sie nach Möglichkeiten suchen, Dinge von innen heraus zu entwickeln und weiterzuführen, statt ihnen Lösungen von außen überzustülpen. Vor allem aber fühlen Frauen sich im großen und ganzen wohl damit, die Imaginationskraft zu nutzen, um Antworten aufzuspüren.

Weil sie diese Methoden nicht begreifen und sie folglich nicht kontrollieren können, bekommen es die alten Köpfe der existierenden Machtstruktur mit der Angst zu tun. Im Falle von Mrs. Clinton und mir trieb Angst die Medien dazu, Schlagzeilen aus etwas zu machen, das eigentlich ein Versuch war, schwierige Probleme auf neue Art zu lösen und ein ökologisches Ungleichgewicht zu korrigieren – den übermäßigen Gebrauch der äußeren und die sträfliche Vernachlässigung der inneren Welt.

Es ist falsch, nur Antworten zu trauen, die auf Fakten und Statistiken beruhen, und Lösungen lächerlich zu machen, die aus Imaginationskraft und Intuition erwachsen. Es ist falsch, Vorstellungen, die auf Erinnerung, Reflexion und der kreativen Natur der Psyche basieren, als gefährliche Phantasien und Schreckgespenster zu betrachten.

Das Ergebnis solch überholten Denkens ist das, was ich traurigerweise erlebte – ein früher Freud, der auf Titelseiten und zur besten Sendezeit dem altem Fundamentalismus, gepaart mit P. T. Barnum*, begegnet.

Wir können uns nicht mehr länger erlauben, so zu leben, als spielten Emotionen, Erinnerungen und Intuition keine Rolle. Um sich zu erneuern, muß die vorherrschende Oberflächenströmung Zugang zur Tiefenströmung individueller Psychologie finden. Um uns und die Welt zu retten, muß jeder hart und bescheiden am Erwerb jener inneren Fähigkeiten arbeiten, die für ein vertieftes und fähiges psychologisches und geistiges Leben erforderlich sind.

Wie ist das zu bewerkstelligen?

---

* P(hineas) T(aylor) Barnum (1810 – 1891), amerikanischer Schausteller und Gründer des berühmten gleichnamigen Zirkus im Jahr 1871.

Zunächst einmal können wir, selbst wenn die Umstände uns nicht in die psychologische Sphäre treiben, selber Besuche dorthin in die Wege leiten. Die Vertrautheit mit dem Gelände – den herrlichen Aussichten ebenso wie mit Morast und Dornengestrüpp – kann dazu beitragen, daß wir nicht nur Alltagsereignissen, sondern auch Zeiten von Triumph oder Tragödie mit wachem Gespür und Energie begegnen.

* * *

Wir wollen die Erkundung der psychologischen Sphäre mit Gelächter und einem Schritt zurück beginnen, um von einer höheren Warte aus einen Blick auf die *conditio humana* zu werfen.

Manchmal denke ich, daß fortgeschrittenere Zivilisationen in der Galaxis unseren Planeten »die Hexenküche« nennen.

Sie wissen, was die Hexenküche ist, oder etwa nicht?

Die Hexenküche ist ein kleines Labor, weit weg von der Hauptstraße, wo verrückte Erfinder verrückte Experimente durchführen. Und wenn das Experiment gelegentlich außer Kontrolle gerät und zum Himmel stinkt, ist das vollkommen in Ordnung, denn jedermann erwartet, daß die Hexenküche stinkt, und ein paar der verrückten Experimente funktionieren sogar.

Dennoch sind einige Vorkehrungen zu treffen. Deshalb müssen der Planet Erde und seine gefährlichste Spezies, der Mensch, ans äußerste Ende eines Seitenarms der Milchstraße verbannt werden, weit weg vom Brennpunkt des Geschehens. Man kann keine gescheite Galaxis mit einer direkt in ihrer Mitte postierten Hexenküche betreiben!

Also gut, welcher wichtige Versuch läuft gerade in unserer speziellen Hexenküche?

Spaß beiseite, ich denke, es geht um die Erschaffung Himmlischer Saat. Auf recht wundersame Weise hat das Universum sich vorgenommen, dem Menschen genug Ressourcen zum Herumspielen zu geben, so daß wir uns zu Mitschöpfern aufschwingen können.

Mitschöpfer sind Menschen wie Sie und ich, die mit ihren inneren Ressourcen in Berührung kommen, herausfinden, wie man sie nutzt, und dann persönlich eine aktive Rolle im Welterschaffungsunternehmen ihrer Göttlichen Mutter beziehungsweise ihres Göttlichen Vaters übernehmen.

Welterschaffung kann ein gewaltiges Unternehmen sein, an dem viele Menschen und Institutionen beteiligt sind, oder es kann sehr klein sein und sich auf den unmittelbaren Freundes- oder Familienkreis beschränken.

Oder auch nur auf einen selbst.

Die Größe der letztendlichen Anforderung spielt kaum eine Rolle, wenn es um den entscheidenden ersten Schritt der Erlangung inneren Wissens geht.

Psychologisches Wissen ist nicht etwas, das man kaufen kann. Es kommt nicht in einem Gefäß. Es kommt nicht durchs Internet. Selbst mit diesem Buch kommt es nicht. Allerdings kann es sich einstellen, wenn Sie sich selber auf ganz besondere Weise zuhören, sich beobachten und von sich lernen.

Solches Zuhören und Lernen ist zweifelsohne harte Arbeit. Aber der mögliche Gewinn ist gewaltig. Zunächst einmal kann das Augenmerk auf innere psychische Vorgänge uns helfen, der schöpferischen Kraft einen zentralen Platz in unserem Leben einzuräumen.

Man sagt, Ideen seien Dutzendware. Sie sind es nicht.

Ideen sind Diamanten, und sie lagern auf Vorrat in dem großen Bauwerk, das wir Geist-Körper-System nennen. Unter der oberflächlichen Kruste des gewöhnlichen Bewußtseins stecken wir voller Ideen und Assoziationen, die sich mit anderen Ideen verbinden – der ganze Stoff der Evolution bewegt sich in uns, um als Innovation an die Oberfläche zu kommen.

Unser scharfer Verstand produziert im verborgenen ständig neue Assoziationen. Es ist nur so, daß wir im allgemeinen einen zu geringen Teil von uns selbst bewohnen, um uns ihrer bewußt zu werden.

Wie verhält es sich mit Menschen, die einen größeren Teil ihres

Ich bewohnen? Warum sind sie in der Lage, Dinge der Außenwelt mit Dingen der Innenwelt zu vereinen und etwas Neues zu schaffen?

Das Geheimnis schöpferischer Kraft besteht zum Teil darin, Dinge auf unterschiedliche Art zu betrachten. Kinder sind darin sehr gut, denn ihr Denken ist noch nicht zu festen Schablonen erstarrt und verkrustet.

Vielleicht haben Sie von dem kleinen Mädchen gehört, das tagelang versuchte, eine Kordel als Gürtel in ihren Schlafanzug einzuziehen. An einem heißen Tag kam das Mädchen vom Spielen herein und ging ans Gefrierfach, um sich einen Eiswürfel zu holen. Beim Anblick des Eiswürfels kam sie auf den Gedanken, daß sie die Kordel, wenn sie sie naß machen und in Hufeisenform einfrieren würde, durch den offenen Bund des Schlafanzugs einziehen könnte.

Wenn wir durch die Felder stapfen und Kletten an unseren Hosen hängen bleiben, zupfen die meisten von uns sie ab, wobei sie darauf achten, daß nichts an den Fingern haften bleibt. Aber ein einziger Mann schaute mit gänzlich anderem Blick auf die kratzigen Büschel, die an seiner Hose hingen. Nicht lange danach erfand er das Klettband.

Johannes Gutenberg sah zu, wie Trauben gepreßt wurden, und dachte bei sich, was wäre, wenn man auf diese Art Buchstaben druckte? Dies war der Beginn der Druckerpresse, die zu diesem Buch und allem, was Sie sonst noch lesen, führte.

Schöpferische Kraft hat damit zu tun, die Dinge der Außenwelt wirklich wahrzunehmen, sie im großen Inneren erblühen zu lassen und für die Möglichkeit einer Neuerung aufgeschlossen zu sein.

Jedesmal, wenn ich mich näher mit kreativen Menschen befasse, stelle ich fest, daß sie in mannigfachen geistigen Verfassungen denken. Sie erwägen ein Problem nicht einfach nur. Sie gehen es verbal ebenso wie vorstellungsmäßig durch. Sie spüren, wie es auf Körper und Geist gleichermaßen ausstrahlt. Sie versenken sich selbst so lange in das Problem, bis es beinahe den Anschein hat, als habe die Sache, an der sie arbeiten, eine eigene Persönlichkeit gewonnen.

Bis in die Tiefen ihres Verstandes sickert das Problem durch, während sie selber weiter ihren alltäglichen Verrichtungen nachgehen. Dinge in der Welt, deren Anblick sie an das Problem erinnert, werden notiert – Korn für die kreative Mühle. Dann, eines Tages, kommt irgend etwas als ausgewachsene Möglichkeit zum Vorschein, die danach verlangt, ausprobiert, aufgeschrieben, erzählt, besungen und schöpferisch umgesetzt zu werden.

Fast dasselbe Verfahren kann auf alles angewandt werden, was Sie erreichen wollen.

Setzen Sie sich zunächst ein Ziel – etwas, das Sie tun oder entdecken wollen. Stellen Sie sich diese Absicht sodann bildlich vor – gesehen oder gefühlt, gehört, berührt, sogar geschmeckt. Verweilen Sie anschließend längere Zeit bei den Vorstellungen künftiger Erfüllung und greifen Sie dabei auf möglichst viele Ihrer inneren Sinne zurück.

Schon bald werden Sie feststellen, wie Ihre Vorstellung Sie unterstützt, Sie anspornt, bis zu dem Punkt, an dem Sie von der Leidenschaft und der Absicht erfüllt sind, etwas zu unternehmen.

Außerdem wird das Leben selbst eine Leidenschaft für Sie hegen. Sie werden Mitschöpfer sein.

Also, schöpferische Kraft braucht kein bestimmtes Ziel. Sie braucht nicht in ein Lied, einen Tanz, einen Roman, eine bessere Mausefalle zu münden. Die größte Form von Kreativität ist die Wiedererschaffung Ihres eigenen Ich. Überdies wird die schöpferische Arbeit, die Sie an sich selber verrichten, Ihre Fähigkeit zur Kreativität in anderen Dingen steigern.

Mit diesem Wissen im Hinterkopf wollen wir zum inneren Berg zurückkehren und seine zweite Ebene bereisen, die psychologische Sphäre. Schnallen Sie sich an. Dieser Ausflug kann eine Achterbahnfahrt werden.

* * *

Ein ums andere Mal finden Sie sich auf dem Pfad wieder, der um den Berg herum nach oben führt. Als Ergebnis Ihres Besuchs auf der sinnlichen Ebene sind Ihre Sinne geschärft, und der mit der Bergbrise herüberwehende Kiefernduft kitzelt Ihnen angenehm in der Nase. Zudem sind Ihre Sinne jetzt besser miteinander verbunden, und als Sie Vogelgezwitscher hören, scheinen Sie es regelrecht auf der Haut zu spüren.

Seit Ihrem letzten Besuch sind Pilze auf dem Weg gewachsen, und Sie bücken sich, um die rötlich-braunen Kappen und weißen Lamellen zu betrachten. Ein strenger Geruch nach Erde steigt Ihnen in die Nase, als sie einen Pilz abbrechen, um ihn näher in Augenschein zu nehmen.

Wieder kommen Sie zu der Steinplatte. Diesmal wissen Sie besser, wie Sie sie emporheben und sich behutsam ins Innere des Berges hinablassen können.

Nachdem Sie hinabgegangen sind, erreichen Sie nach mehreren Windungen erneut die Tür zur sinnlichen Sphäre, wo Sie diesmal Rosen und frisch gebackenes Brot riechen. Mit einem flüchtigen Streicheln der samtigen Täfelung gehen Sie vorbei und folgen dem spiralförmigen Pfad weiter nach unten, bis Sie zu der Spiegeltür kommen, dem Eingang zur psychologischen Sphäre. Mit einem langen Blick auf die mannigfachen Aspekte Ihrer Persönlichkeit, die der Spiegel reflektiert, öffnen Sie die Tür und treten ein.

Diesmal werden Sie von jemandem erwartet. Diese Person hat sehr viel Ähnlichkeit mit Ihnen, aber sie sieht so aus, wie Sie aussehen würden, hätten Sie tausend Jahre damit zugebracht, Ihr schlummerndes Potential vollständig zu entwickeln. Es ist Ihr Wesenhaftes Ich, Ihr Führer – der Teil von Ihnen, der mit Ihrem höheren Geschick, dem Zweck Ihres Daseins, kodiert ist und sich nun als das offenbart, was Sie noch sein könnten.

Der eine oder andere mag in diesem Wesen ein Abbild der Seele selbst sehen – den tiefsten, heiligsten und vollkommensten Teil der eigenen Persönlichkeit.

Wieder andere mögen es als die innere Stärke und Lebenskraft empfinden, die Leben und Entwicklung in Richtung auf die größtmögliche Entfaltung von Anlagen und Fähigkeiten steuern.

Unser Wesenhaftes Ich besitzt eine Ausstrahlung, die unserem lokalen Ich abgeht. Es steht in Verbindung sowohl mit unserem Leben als auch mit dem Leben des Universums. Es steht in Verbindung mit der Weisheit der Erde und der Weisheit des Herzens. Es kann uns in Kontakt mit den in Geist und Körper verborgenen unerforschten Kontinenten bringen, denn das Wesenhafte Ich kennt die Karten der Seele und die Schätze, die dort zu finden sind.

Das Wesenhafte Ich kennt die möglichen Wege, die unser Leben vielleicht einschlägt, und möchte uns helfen, die besten auszuwählen. Es weiß, wie Imaginationskraft sich in Realität verwandelt und wie das Leben, das wir führen, erfüllend und kreativ gestaltet werden kann. Vor allem aber weiß es, warum wir hier sind und was wir noch tun können; wohin wir gehen können und warum wir dorthin gehen müssen.

Vertrauter als das Atmen, näher als Hände und Füße, ist das Wesenhafte Ich der geheimnisvolle Freund, der immer schon ständig in der Nähe war, wie sehr wir seine Gegenwart auch leugneten.

Wir wollen dieses Wesen fortan einfach nur noch »den Freund« nennen. Diesen Freund kennenzulernen ist eine wundervolle Erfahrung. Man ist niemals wieder wirklich »allein«.

Um Ihnen zu helfen, ein stärkeres Gespür für diesen Freund zu entwickeln, möchte ich gern, daß Sie eine imaginative Übung ausprobieren, die anfangs ein wenig seltsam erscheinen mag. Aber vertrauen Sie mir; sie funktioniert!

Stellen Sie zunächst sich gegenüber einen echten Stuhl hin und »bitten« Sie den Freund, herzukommen und auf diesem Stuhl Platz zu nehmen. Versuchen Sie sich vorzustellen, wie der Freund aussieht, welche Kleidung er trägt. Wehren Sie sich nicht gegen ein wachsendes Gespür für die Anwesenheit des Freundes, der Ihnen in dem Stuhl gegenübersitzt.

Während Sie immer noch die Anwesenheit des Freundes verspüren, schließen Sie für einen Moment die Augen und strecken Sie die Hände aus, wobei die Handflächen nach außen gekehrt sind. Stellen Sie sich nun vor, daß der Freund seine Hände ebenfalls ausstreckt.

Warten Sie ab, ob Sie, wie zart auch immer, fühlen können, wie die »Hände« des Freundes Ihre eigenen berühren. Vielleicht verspüren Sie eine leichte Brise oder einen leichten elektrischen Schlag oder ein noch greifbareres Gefühl.

Während dieses Gefühl einander berührender Hände lebhafter wird, versuchen Sie sich mit Ihrem inneren Auge und inneren Ohr vorzustellen, wie der Freund vielleicht aussieht, wie seine Stimme klingt, wie er ist. Lassen Sie das Gefühl der Anwesenheit weiter wachsen.

Öffnen Sie die Augen und versuchen Sie ein Gespür für die Anwesenheit des Freundes aufrechtzuerhalten. Wiederholen Sie anschließend dasselbe mit geschlossenen Augen. Öffnen Sie die Augen wieder und stellen Sie sich weiter die Gegenwart des Freundes vor.

Jetzt wollen wir etwas tun, das helfen kann, Ihr Gespür für den Freund noch zu verstärken.

Erheben Sie sich und setzen Sie sich auf den Stuhl, auf dem der Freund gesessen hat. Nun stellen Sie sich vor, Sie seien der Freund (der Sie in Wirklichkeit ja auch sind), der die ihm gegenübersitzende lokale Version von »Ihnen« anschaut und empfindet. Halten Sie die Handflächen hoch, spüren Sie, wie die Handflächen sich anfühlen, und spüren Sie Ihre eigene Anwesenheit.

Spüren Sie nun als der Freund, wie »Sie« aussehen, wie sich Ihre Hände anfühlen, wie Licht und Schatten »Ihr« Gesicht umspielen. Aber empfinden Sie »sich selbst« aus der Perspektive des verständnisvollen und mitfühlenden Freundes. Schauen Sie mit der Weisheit, die vom Wissen der Seele herrührt, welches das Wissen des Freundes ist, auf die »Person«, die Ihnen gegenübersitzt.

Stehen Sie jetzt auf, nehmen Sie auf dem Stuhl gegenüber Platz und kehren Sie dabei zu Ihrer eigenen Identität zurück. Strecken Sie dem Freund wieder Ihre erhobenen Hände entgegen. Das Gefühl der Berührung zwischen Ihren Händen ist jetzt sogar noch ausgeprägter. Aber diesmal wächst das Gespür für die Anwesenheit des Freundes auf natürlichere Art. Sie spüren, daß Sie sich tatsächlich in Gegenwart eines ganz wunderbaren Freundes befinden.

Vielleicht möchten Sie ein paar Mal auf und ab gehen, die Stühle wechseln, einmal Sie selbst sein und den Freund spüren und dann der Freund sein, der Sie spürt und erlebt.

Ist das Gefühl der Gegenwart des Freundes nun stärker?

Da Sie das Sein des Freundes nun deutlicher wahrnehmen, reisen Sie mit ihm gemeinsam tiefer in die psychologische Sphäre.

Wie Sie sich vielleicht erinnern, liegt direkt hinter dem Eingang der Teich der Erinnerung. Wir wollen zuerst dorthin gehen.

Ein gutes Gedächtnis ist sehr wertvoll. Indem es uns Zugang zu den Abertausenden von Bildern und Vorstellungen gewährt, die einst die unseren waren, steigert es unsere Intelligenz und schöpferische Kraft. Es gestattet uns, unser Leben vollständiger zu bewohnen – der ganzen Bandbreite unserer Erfahrungen zugänglich zu sein und nicht ausschließlich bei den »Krisenherden« zu verweilen. Die Erinnerung erlaubt uns, das Leben zu leben, das uns gegeben wurde.

Man lernt leicht, in der Schatzkammer der Erinnerung zu leben, statt tatenlos zuzusehen, wie ununterbrochen Erinnerungen am Horizont verschwimmen wie ein davonbrausender Zug. Wenn Sie gern sehen möchten, was Ihre Schatzkammer der Erinnerung enthält, dann suchen Sie sich am Teichufer einen Platz aus, wo Sie und Ihr Freund bequem sitzen können, und lassen Sie uns anfangen.

Vom Teich der Erinnerung steigt Nebel in Form gesehener oder empfundener Vorstellungen auf, Vorstellungen, die Erinnerungen aus Ihrem Leben sind. Die Landschaft hier in der psychologischen Sphäre wirkt sehr anregend auf das Gedächtnis.

Die Anwesenheit des Freundes an Ihrer Seite trägt ebenfalls zur Klarheit der Vorstellungen bei. Wann immer Ihre Erinnerung getrübt oder flüchtig zu sein scheint, bitten Sie den Freund, mitzuhelfen, sie stärker und lebhafter zu machen, oder schlüpfen Sie für einen Augenblick in die Haut des Freundes und warten Sie ab, ob der Rollentausch Ihrem Gedächtnis auf die Sprünge hilft.

Stellen Sie sich nun vor, Sie hörten eine sanfte Stimme, die Ihnen Szenen aus Ihrer Kindheit in Erinnerung ruft. Wenn die Vorstellungen aus dem Teich aufsteigen, wobei es keine Rolle spielt, ob es sich um Bilder oder Worte, Farben, Gerüche oder um den Geschmack unterschiedlicher Dinge handelt, sprechen Sie sie, wenn Sie möchten, gegenüber dem Freund laut aus oder notieren Sie sie in einem Tagebuch:

> Erzähl mir aus deiner Kindheit von deinen Lieblingsgerichten...
>
> Erzähl mir aus deiner Kindheit von einem Spiel oder einem Lied, an die du dich erinnerst...
>
> Erzähl mir aus deiner Kindheit von einem vielgeliebten oder vielgehaßten Lehrer...
>
> Erzähl mir aus deiner Kindheit von einem Tier, das du kanntest...
>
> Erzähl mir aus deiner Kindheit von einem sehr alten Mann oder einer sehr alten Frau...
>
> Erzähl mir aus deiner Kindheit von einem sehr kleinen Mädchen oder Jungen, die du kanntest...
>
> Erzähl mir aus deiner Kindheit von einem Urlaub oder von einer Reise, die du unternommen hast...

Jetzt regt die Stimme an, Sie möchten sich an andere Zeiten Ihres Lebens erinnern:

> Erinnere dich an dein Abitur oder etwas Entsprechendes...
>
> Erinnere dich an das Aufstehen heute morgen...
>
> Erinnere dich daran, wie du zum ersten Mal verliebt warst oder für jemanden schwärmtest...

Erinnere dich an eine Geburtstagsfeier aus jüngster Zeit...

Erinnere dich an einen der schönsten Tage deines Lebens...

Erinnere dich, wie du dieses Buch gekauft oder geschenkt bekommen hast...

Erinnere dich an den Freund, der dich spürte. Erinnere dich daran, wie du den Freund spürtest...

Indem Sie Kindheitserinnerungen aufleben lassen, tragen Sie wahrscheinlich auch dazu bei, daß Ihre Datenbanken großzügiger mit ihrem Guthaben umgehen. Außerdem gewinnen Sie etwas von der Lebhaftigkeit von Kindheitswahrnehmungen zurück, weil Sie die Erinnerungen an diese Wahrnehmungen erwecken, die den Wahrnehmungen des Erwachsenenlebens ihren Glanz geben. Indem wir mit den Erinnerungen an andere Zeitzonen unseres Lebens arbeiten, stimmen wir all unsere Sinne neu ein.

Anwenden können Sie Ihr neues Erinnerungsvermögen auf mannigfache, interessante Weise:
* Suchen Sie ein Kindheitsfoto von sich heraus und schauen Sie sich das Bild sorgfältig an. Schließen Sie die Augen und erinnern Sie sich, so gut es geht, wie es war, als Sie so alt waren wie auf dem Foto. Machen Sie anschließend einen Ausflug in die freie Natur und prüfen Sie, ob Ihre Wahrnehmungen etwas von der alten Frische der Kindheit zurückgewonnen haben.
* Führen Sie das gleiche Experiment mit einem Bild Ihrer Mutter oder Ihres Vaters oder gar mit dem Bildnis eines berühmten Mannes oder einer berühmten Frau durch, die Sie bewundern. Erleben Sie, an wie viele Dinge aus dem Leben Ihres Vaters vor Ihrer Geburt oder aus dem Leben eines berühmten Menschen, dem Sie nie begegnet sind, Sie sich »erinnern«.

Sobald Ihre Gedächtnis-Stromkreise einmal eingeschaltet sind, können Sie sich sogar an reale Ereignisse »erinnern«, bei denen Sie nicht zugegen waren. Sie haben vielleicht von diesen Geschehnissen gelesen oder einen Film oder eine Fernsehsendung gesehen, die sich damit beschäftigten, aber sich durch Imaginationskraft an sie zu erinnern kann den Anschein erwecken, als seien Sie tatsächlich dabeigewesen.

Imaginative Erinnerung vergrößert außerdem Ihre schöpferische Kraft, weil sie Ihnen die nötige Übung vermittelt, im geistigen Theater mit Assoziationen zu glänzen. Enge Verbindungen zwischen Gedächtnis und Imaginationskraft erleichtern Ihnen die Erfindung neuer Dinge.

Stellen Sie sich nun wieder vor, eine Stimme hielte Sie an, sich an bestimmte Ereignisse zu erinnern. Durch lautes Aussprechen Ihrer Erinnerungen treiben Sie die Pumpe schöpferischer Imaginationskraft an. Doch wenn es Ihnen lieber ist, können Sie die Antworten auch wieder einem Tagebuch anvertrauen.

Ihr Freund wird Ihnen helfen, Assoziationen wachzurufen, denn Ihr Freund hat direkten Zugang zu all den Dingen, die Sie gelernt, gesehen oder sich vorgestellt haben. Sie könnten sich auch vorstellen, daß Ihr Freund Sie mit dem kollektiven Unbewußten verbindet – der Seele und dem Gedächtnis der gesamten Menschheit.

Sind Sie bereit? Dann lassen Sie uns beginnen.

Erinnere dich, wie du Christoph Columbus auf seiner ersten Reise begleitet hast...

Erinnere dich jetzt bitte an den Bau der Großen Pyramide im alten Ägypten...

Erinnere dich an Jeanne d'Arc an der Spitze der französischen Heere...

Erinnere dich an Franz von Assisi, wie er zu den Vögeln spricht...

Erinnere dich an Abraham Lincoln während seiner Ansprache in Gettysburg...

Erinnere dich an Cleopatra, wie sie in ihrer dufterfüllten goldenen Barke nilabwärts segelt...

Erinnere dich an Dinosaurier, wie sie die Blätter von den Spitzen der Bäume abfressen...

Erinnere dich an die Erschaffung der Erde...

Erinnere dich an die Erschaffung des Universums...

Jetzt mach dir keine Gedanken wegen der Logik, sondern erinnere dich an dich selbst in zehn Jahren, von heute an gerechnet...

Erinnere dich an diese Erde in zehn Millionen Jahren...

Erinnere dich genau in diesem Augenblick vollkommen an dich selbst...

Es ist leicht, diese Übung selber fortzusetzen.

* Schauen Sie sich eine Fotografie aus dem 19. Jahrhundert mit Menschen an, die durch die Straßen spazieren. Versetzen Sie sich in die Zeit zurück und fügen Sie sich in die Szenerie ein.
* Machen Sie aus einem Museumsbesuch ein imaginatives Zeitreise-Abenteuer. Tauchen Sie in andere Epochen, andere Leben ein und »erinnern« Sie sich durch die Gemälde an Ihr Leben als große Dame am französischen Hof, als Heilige oder gar als Jesuskind. Versetzen Sie sich in der Phantasie in das berühmte Gemälde

»Unabhängigkeitserklärung« und fügen Sie dem Dokument Ihre Unterschrift hinzu. Stellen Sie sich hinter das Modell, während Leonardo da Vinci die *Mona Lisa* malt. Gehen Sie anschließend mit Leonardo zum Lunch.

* Entdecken Sie sich bei der Lektüre eines historischen Romans selber inmitten des Abenteuers, wie Sie andere Charaktere, andere Handlungen, sogar andere Schlüsse erfinden als die, die der Autor zu Papier gebracht hat. Bald darauf stellen Sie vielleicht fest, daß Ihre erzählerische Ader nach Ausdruck verlangt, und in Ihrem Inneren wird es vor Geschichten und Handlungen nur so wimmeln.

Wenn Sie oft genug mit diesen Übungen spielen, werden Sie zum Künstler »entlegener Erinnerung«.

Also, erinnern Sie sich an die schöpferische Absicht, die Sie am Ende Ihrer Reise in die sinnliche Sphäre mit all Ihren Sinnen erlebten?

Stellen Sie sich erneut vor, wie Ihre Absicht Wirklichkeit wird, aber erleben Sie den Vorgang diesmal noch intensiver. Nicht nur all Ihre Sinne sind beteiligt, Sie hegen darüber hinaus auch die Wunschvorstellung, Ihre Absicht mit einer Art von imaginativer Klarheit zu realisieren, welche die Absicht realer als zuvor erscheinen läßt. Indem Sie sich »erinnern«, wie Ihre schöpferische Absicht sich in naher Zukunft entwickeln könnte, verankern Sie sie fester in Ihrem Lebensplan.

Während Sie Ihre Absicht erneut ausleben, achten Sie darauf, welche neuen Ideen und Elemente hinzugefügt wurden. Achten Sie ebenfalls darauf, wie die Absicht sich vielleicht verändert hat und wie sie Ihnen in Gedanken vielleicht realistischer erscheint, als würde sie bereits Wirklichkeit. In gewisser Hinsicht geschieht dies tatsächlich, denn in dieser Übung geben Sie Ihrer Begeisterung für das Mögliche einen Schub und erhöhen damit die Wahrscheinlichkeit, daß das Mögliche eintritt. Also halten Sie sich ran und stellen Sie sich Ihre Absicht so lebhaft wie möglich vor...

Sie können sich gratulieren. Sie haben sich innerlich modifiziert und auf die Verwirklichung Ihres sehnlichsten Lebenswunsches vorbereitet. Mehr noch, die von Ihnen entwickelte innere Erfolgsvorstellung läßt Sie mit größerer Wahrscheinlichkeit nach Möglichkeiten Ausschau halten, der Verwirklichung Ihrer Absicht kreativ entgegenzuarbeiten. Eine lebhafte Vorstellung hilft Ihnen, genug Energie und Konzentration aufzubringen, um so lange an Ihrer Absicht festzuhalten, bis der Traum Wirklichkeit wird.

* * *

Sollen wir nun zu einem anderen Teil der psychologischen Sphäre aufbrechen und sehen, was er bereithält? Ihr Gang führt Sie vorbei an Höhlen der Möglichkeit, Gedankenflüssen und satten Wiesen voll mit den Blumen der Emotionen und Stimmungen.

Plötzlich hören Sie ein Ticken, ein Läuten, die dröhnende Ankündigung einer großen Glocke. Sie folgen den Tönen und kommen zum Tempel der Zeit. Die psychologische Sphäre beherbergt, wie Sie bald sehen werden, viele Arten von Zeit.

Beim Betreten des Tempels entdecken Sie einen Raum, der bis zum Bersten angefüllt ist mit allerlei Arten von Chronometern. Da gibt es eine Sonnenuhr, ein Stundenglas und eine uralte Wasseruhr aus China, die in regelmäßigen Abständen Wassertropfen fallen läßt. Schauen Sie, dort ist eine Kirchenuhr aus dem 14. Jahrhundert mit einem komplizierten System aus Seilen und Flaschenzügen.

Kuckucksuhren, Big Ben, Taschenuhren, Stopuhren, Armbanduhren, Wecker, Deckeluhren, Großvateruhren und sogar eine Atomuhr, welche die winzigen Zeitpartikelchen erfaßt – Zeitnehmer aller Art –, füllen den Raum.

Beim Anblick all dieser Uhren fallen Ihnen die vielen Arten von Zeit ein, die Sie kennen. Was wir für die Uhrzeit halten, ist nur ein kleiner Teil unserer Zeiterfahrung.

Ihr Körper funktioniert nach der biologischen Zeit mit ihrem 24-Stunden-Circadian-Rhythmus, der die Zyklen von Schlaf und Erwachen, von Verdauung, Atmung und anderer natürlicher Funktionen regelt.

Ebenso vertraut ist Ihnen, wie die Zeit fliegt, wenn Sie sich amüsieren, und wie sie schleicht, wenn Sie sich langweilen, und wie die Zeit sogar stillsteht in Momenten des Schreckens oder der Verwunderung. Regelmäßig passiert es Ihnen, daß Sie zu spät kommen, daß Sie Zeit verschwenden. Sie erleben selber Verspätungen, Zeiten zum Verlieben, bange Zeiten, Zeiten der Meditation und die immerwährende Zeit.

Wenn Sie jemals einen Augenblick höchster Schaffenskraft erlebt oder eine mystische oder begeisternde Erfahrung gemacht haben, dann wissen Sie, was es für ein Gefühl ist, wenn die Ewigkeit die normalen Zeitkategorien aufbricht.

Lassen Sie uns überlegen, wie es wäre, wenn wir alle Zeit der Welt hätten, um damit zu spielen, was wir im Grunde die ganze Zeit tun. Eines unserer größten brachliegenden Potentiale ist die Fähigkeit, zu lernen, Zeit auf mannigfache Art zu nutzen.

Zum Auftakt unseres Spiels mit der Zeit wollen wir eine Übung versuchen, bei der unsere frisch geschärfte Fertigkeit zu innerer Metaphorik uns helfen kann, in wenigen Minuten all das zu erleben, was normalerweise eine Stunde, einen Tag oder noch mehr Zeit in Anspruch nimmt.

Wie Sie festgestellt haben, gibt es nicht nur visuelle Vorstellungen. Vorstellungen können ebensogut kinästhetisch sein – Muskelempfindungen des Körpers. Es können Hörbilder sein oder auch Bilder, die zu ertasten oder zu schmecken sind. Vorstellungen können sich aus verschiedenen Sinneseindrücken zusammensetzen, und sie können durch die Imaginationskraft oder intuitiv erfaßt und verstanden werden.

Wenn wir in Vorstellungen denken, scheint unser Verstand weniger Zeit zu benötigen, um zu einer Lösung zu kommen, ein Ereignis noch einmal zu erleben oder eine Fertigkeit zu erproben, als es der Fall ist, wenn unser Denken sich in herkömmlichen Bahnen bewegt. Manche Wissenschaftler sind der Ansicht, daß es zu dieser Zeitverkürzung kommt, weil das Denken in Vorstellungen die rechte Gehirnhälfte stärker einbezieht, welche Zeit nicht linear, von einer Sache zur nächsten fortschreitend, verarbeitet.

Ich möchte Ihnen zeigen, was ich meine. Wählen Sie aus der folgenden Liste etwas aus, das Sie gern in Vorstellungen erkunden möchten:
* eine wundervolle Reise an einen neuen Ort oder der nochmalige Besuch eines Ortes, den Sie in der Vergangenheit bereits einmal bereist haben;
* die Untersuchung eines mit Ihrer Arbeit verbundenes Projekts;
* Planung und Zubereitung eines komplizierten und köstlichen Essens;
* die Renovierung Ihrer Wohnung oder des ganzen Hauses.

Haben Sie sich für etwas entschieden?

Also gut, sagen wir, Sie haben zur Durchführung dieser Übung eine Uhrzeitminute Zeit. Schließen Sie für diese eine Minute die Augen und erleben Sie so viele Szenen, Ereignisse oder Gedankenbilder, die mit der Reise, dem Projekts, dem Essen oder dem Haus zu tun haben, wie Sie können. Vielleicht möchten Sie eine Eieruhr stellen, oder vielleicht möchten Sie, daß eine Freundin auf die Zeit achtet.

Schließen Sie die Augen. Die Minute läuft jetzt...

Die Zeit ist um! Wieviel Zeit scheint subjektiv verstrichen zu sein?

Manche werden das Gefühl haben, es seien Stunden, Monate oder sogar Jahre verstrichen. Andere könnten sagen, die Zeitspanne sei ihnen endlos vorgekommen. Selbst wenn Sie die Zeit nur als eine einzige Minute oder weniger erlebt haben: Wie viele verschiedene Vorstellungen haben Sie gehabt?

In der Welt subjektiver Zeit kann innere Zeit erlebt werden, als fülle sie das Protokoll vieler Stunden aus. Sie können auf Gesichter und Schauplätze überall auf dem Globus treffen – auf die Große Mauer in China, einen Strand auf den Antillen, ein Straßenfußballspiel vor Ihrem alten Gymnasium, eine Hochzeit, die Geburt eines Kindes –, auf jedes Ereignis, dem Sie jemals beigewohnt haben oder auch nicht.

Wenn Sie erst einmal Zugang zur Vielfalt der Zeiten finden, können Sie Fertigkeiten rasch erproben und verbessern und all die Zeit haben, die Sie für das benötigen, was Sie tun möchten. Vor allem werden Sie entdecken, daß die Zeit ein Freund und kein Gegner ist.

Eigentlich strecken und verkürzen wir die Zeit fortwährend, aber wir sind uns dessen selten bewußt. Ein schlauer Trick für den bewußten Umgang mit der Zeit ist es, sich einen Maßstab vorzustellen, sagen wir eine Elle, im Durchschnitt etwa 66 Zentimeter. Denken Sie sich die ersten 22 Zentimeter als Vergangenheit, die mittleren 22 Zentimeter als Gegenwart und die letzten 22 Zentimeter als Zukunft.

Jetzt kürzen Sie Vergangenheit und Gegenwart in Ihrer Phantasie jeweils auf 14 Zentimeter und verlängern Sie die Zukunft auf 38 Zentimeter. Stellen Sie sich die Abschnitte des Lineals tatsächlich bildlich wachsend oder schrumpfend vor. Welche Veränderungen bemerken Sie in Ihrem Körper und in Ihren Wahrnehmungen, wenn die Zukunft gedehnt wird? Vielleicht verspüren Sie ein Gefühl der Ungezwungenheit, als hätten Sie alle Zeit, die Sie brauchen, um zu tun, was immer Sie tun möchten. Welch wundervolle Methode zur Streßreduzierung an einem vielbeschäftigten Tag!

Lassen Sie uns nun die Vergangenheit ausdehnen. Stellen Sie sich den Maßstab wieder bildlich vor. Schrumpfen Sie vor Ihrem geistigen Auge die Zukunft auf 14 Zentimeter, belassen Sie die Gegenwart bei 14 Zentimetern und ziehen Sie die Vergangenheit auf 38 Zentimeter in die Länge. Sehen Sie sich nun auf dem Gipfel eines riesigen Erfahrungsberges stehen? Sind Sie sich Ihrer Wurzeln und des vielfach verbindenden Gewebes zwischen Menschen und Dingen stärker bewußt?

Für unser letztes Experiment wollen wir Vergangenheit und Zukunft auf jeweils 8 Zentimeter verringern und die Gegenwart auf 50 Zentimeter ausdehnen. Schauen Sie sich jetzt um. Hat Ihre Umgebung Auftrieb erhalten, ist sie geladen mit Gegenwart? Achten Sie auch darauf, ob Ihr eigenes Energieniveau nun höher ist. Eine radikal erweiterte Gegenwart ist ein Zustand, den aufrechtzuerhalten sich lohnt, wenn Sie sich auf irgend etwas konzentrieren müssen.

Wenn Sie das nächste Mal einen langweiligen Vortrag oder eine öde Sitzung aushalten müssen, rufen Sie sich den Zeitmaßstab in Erinnerung und dehnen Sie mit seiner Hilfe Ihr Gefühl der verstrichenen Zeit aus. Sie werden oft feststellen, daß der Vortrag Ihnen kürzer erscheint. Wenn Sie sich andererseits mit einem speziellen Freund prächtig amüsieren, dann dehnen Sie die Zukunft auf dem Maßstab aus, um sich die Vorstellung endloser Stunden des Vergnügens zu vermitteln.

Mit ein wenig Übung können Sie es darin recht weit bringen und lernen, Zeit nach Belieben zu beschleunigen oder zu verlangsamen.

Ein Mehr an subjektiver Zeit verschafft Ihnen auch mehr Muße, sich freudiger Momente zu entsinnen und sie durchzuspielen. Die Erinnerung an Freude macht Sie offen für bessere Beziehungen, tieferes Verstehen und größere Wertschätzung des Lebens. Und Sie hören auf, Gott zu langweilen.

Lassen Sie uns noch ein anderes dieser Zeitspiele ausprobieren. Nehmen Sie sich eine weitere Uhrzeit-Minute Zeit und erinnern Sie sich an ein Vorkommnis aus Ihrem Leben, das Ihnen sehr viel Freude bereitete. Nutzen Sie all Ihre Sinne und Ihre ganze Imaginationskraft und leben Sie an diesem Ort erinnerter Freude, als ob Sie noch immer dort wären. Verweilen Sie die ganze Minute in diesem Zustand der Freude...

Wie fühlen Sie sich jetzt bei Ihrer Rückkehr?

Freude durchzuspielen ist ein Weg, sich ein Leben aufzubauen, dessen Wert einem bewußt ist. Wenn ich wirklich am Boden bin, sehe ich dank der Erinnerung an Momente der Freude mein Leben, wie ich finde, aus einem ehrlicheren Blickwinkel.

Zu oft verfallen wir in das Schema, uns nur an Sorgen und schmerzhafte Momente zu erinnern. Diese Konzentration auf Negatives macht uns nur um so schmerzempfindlicher und sorgt dafür, daß wir noch stärker auf alle möglichen Hindernisse fixiert sind, die unseren Weg kreuzen. Klammern wir uns an dieses Schema, sind wir anfangs chronisch verletzt, steigern uns von Zynismus in Paranoia und glauben am Ende, daß die Welt uns auf dem Kieker hat.

Spielen wir Freude durch, tritt genau der gegenteilige Effekt ein. Versuchen Sie anzuwenden, was Buddhisten Achtsamkeit gegenüber den eigenen Gedanken nennen. Sagen Sie »Halt!«, sobald Sie merken, daß Ihnen eine unglückselige Erinnerung oder ein giftiger Gedanke durch den Kopf schießt, und formen Sie diesen Gedanken um in Richtung auf die Erinnerung an etwas Freudiges.

Wenn Sie dies einfach nicht zuwege bringen, dann versuchen Sie sich in Dankbarkeit für alles zu üben, was Sie haben, und für alles, was Sie sind. Allmählich werden Sie Ihren Geist zu einer Stadt des Lichts umbauen, statt aus ihm einen Ort dunkler Wege und Sackgassen zu machen.

Dankbarkeit gegenüber allem, was der Tag bringt, enthüllt die Seite des Lebens jenseits der Schatten. Wenn ich mich umschaue, bin ich dankbar für die Schönheit der Pflanze neben dem Tisch, den Klang der Stimme meines Mannes, die von unten herauftönt, die Intelligenz meines schwarz-weißen Kätzchens Boxer, das, während ich schreibe, hier sitzt und herauszufinden versucht, wie sich die Knoten meiner Schnürsenkel lösen lassen.

Schauen auch Sie sich jetzt um und stellen Sie fest, wofür Sie dankbar sind. Vielleicht sehen Sie große und kleine Dinge – ein Muster aus Licht an der Wand, einen Menschen oder ein Haustier, eine Vorstellung, eine Seinsweise, eine Welt – was auch immer. Wenn Sie möchten, benennen Sie eine Reihe solcher Dinge laut und erläutern Sie, warum Sie dankbar sind, daß es sie in Ihrem Leben gibt. Sie könnten auch in Ihrem Tagebuch eine Liste notieren.

Achten Sie auf die geistigen und körperlichen Veränderungen, die in Ihnen vorgehen, während Sie sich in Dankbarkeit üben. Wenn Sie Ihr Leben wirklich ändern wollen, versäumen Sie nicht, sich tagtäglich in Dankbarkeit zu üben. Sie werden die Dimensionen der Dinge deutlicher spüren und Menschen bereitwilliger etwas ermöglichen. Sie werden feststellen, daß Sie selber begeisterter an dieser bemerkenswerten Welt teilhaben.

Auch Ihr Gedächtnis und Ihre schöpferische Kraft verbessern sich möglicherweise, weil Sie sich intensiver um Dinge kümmern, wenn Sie von Dankbarkeit erfüllt sind.

Warum?

Weil Sie sie zu schätzen wissen.

Sie könnten ein paar Mal im Jahr oder öfter für Freunde oder Menschen, denen Sie Bewunderung entgegenbringen und die Sie gern preisen möchten, eine »Anerkennungsparty« geben.

Vielleicht möchten Sie zum allgemeinen Wohlergehen beitragen, indem Sie jedesmal einen Brief schreiben, wenn Sie das Bedürfnis verspüren, jemandem für eine Leistung zu danken. Immer wenn etwas Geschriebenes mir besonders gut gefällt, schreibe ich dem Autor und danke ihm für seine Arbeit. Genau so versuche ich mich bei Menschen zu verhalten, die ihr Leben in die Waagschale werfen – wie Krankenschwestern, Sozialarbeiter, Lehrer und sogar ein paar Politiker.

Nachdem ich einige Zeit in »hohen Positionen« verbracht habe, war ich schockiert zu entdecken, wie wenig Anerkennung Menschen im öffentlichen Leben tatsächlich zuteil wird. Sie lesen aufmunternde Briefe mit einer Freude und Dankbarkeit, die erstaunlich sind.

Beim Gespräch über Menschen, denen Sie dankbar sein könnten, hat Ihr Freund eine Idee. Vielleicht sei der Zeitpunkt günstig, einige Mitglieder Ihrer inneren Mannschaft wiederzutreffen und zu erfahren, wie sie Ihnen im Alltagsleben zur Hand gehen könnten. Rasch marschieren Sie den Pfad entlang durch den Wald, bis Sie zu der Lichtung kommen, wo Ihre spezielle Besatzung Sie erwartet.

Werfen Sie einen Blick in die Runde und sehen oder spüren Sie ihre liebevolle Anwesenheit. Es ist wunderbar, so viele willige innere Helfer zu haben, so viele Meister unterschiedlicher Fertigkeiten und Einstellungen – Koch, Maler, Klempner, Psychologe, Heiler, Mechaniker, Buchhalter, Erfinder, Dichter, Beziehungsexperte, Elternteil, Redner, Liebhaber, Schüler, Lehrer, Theologe, Reisender, Meditierender, Komödiant, Tierfreund, jemanden, der das Haus sauberhält, Autor, Sänger, Gruppenleiter, Gruppenmitglied, Zeitmanager, Mystiker, jemanden voller Mitgefühl.

Da sind viele andere, die ausschließlich Ihnen bekannt sein werden. Einige sind Meister in besonderen Fertigkeiten, über die Sie verfügen, beispielsweise Schwimmen oder Geigespielen, Weben oder Tischlern.

Andere repräsentieren Ihre verschiedenen Rollen und Beziehungen – Tochter, Schwester, beste Freundin, bester Kumpel, Mentor.

Für alles, womit Sie vertraut sind oder worin Sie Übung haben, ganz gleich, ob klein oder groß, gibt es einen inneren Experten, der stets verfügbar ist, um Ihnen bei Ihren äußeren Bemühungen mit Hilfe, Rat und Inspiration zur Seite zu stehen.

Möchten Sie es gern mit einer Musterberatung versuchen?

Wählen Sie eine Fertigkeit aus, an der Sie gern arbeiten möchten, und bitten Sie den Meister dieser Fertigkeit vorzutreten. Dieses Wesen führt Sie an einen nahegelegenen Ort, an dem Sie beide gemeinsam daran arbeiten können, Ihre Fertigkeit zu verbessern. Alle Materialien, die Sie benötigen, sind dort vorhanden – Farben, ein Klavier, Golfschläger, Tennisschläger, Computer, Tanzschuhe –, was immer Sie brauchen.

Ihre unmittelbare Umgebung scheint vom Wesen Ihrer Fertigkeit erfüllt zu sein. Auf dieser Ebene der Psyche ist eine gewaltige Informationsmenge verfügbar, die vom Bewußtsein nicht auf normalem Wege verarbeitet wird. Ihr innerer Meister in einer bestimmten Fertigkeit hat nicht nur Zugang zu sämtlichen Kenntnissen über diese Fertigkeit, die Sie jemals, bewußt oder unbewußt, erworben haben, er kennt auch ein paar neue Tricks. Wenn Sie den Meister aufsuchen, können einige dieser verborgenen Kenntnisse eingebracht und in Ihr Wissen integriert werden.

Wir wollen sehen, wie das funktioniert.

Der Meister in der Fertigkeit könnte mit Ihnen verbal oder nonverbal kommunizieren. Vielleicht werden Sie den Unterricht wie eine Muskelreizung empfinden, oder er wird Ihnen als plötzliches intuitives Wissen erscheinen. Möglich, daß Ihnen geraten wird, alte Fertigkeiten zu üben; vielleicht werden Ihnen aber auch neue beigebracht. Wie auch immer, dieses Wesen, das über meisterliches Können verfügt, wird Ihnen gründliche und wirksame Anweisungen geben. Im Verlauf dieses intensiven Trainings werden Sie sich zunehmend freier, ungezwungener und selbstsicherer fühlen und sogar sämtliche Hemmungen oder Blockaden überwinden, die Sie hatten.

Sie arbeiten bei dieser Übung mit der subjektiven Zeit, also besorgen Sie sich eine Eieruhr oder sorgen Sie dafür, daß eine Freundin auf die Zeit achtet.

Geben Sie sich fünf Minuten reiner Uhrzeit, was subjektiv all der Zeit entspricht, die Sie brauchen. In diesen Minuten, Stunden oder Tagen werden Sie mit dem Meister der jeweiligen Fertigkeit eine ergiebige Lernsitzung absolvieren, in deren Verlauf Sie die Fertigkeit üben und verbessern. Schließen Sie die Augen und fangen Sie an...

Prüfen Sie nach Beendigung der Übung, wie Sie sich körperlich fühlen. Ist die Fertigkeit jetzt stärker in Ihnen verankert? Trauen Sie der Fertigkeit mehr, macht Sie Ihnen mehr Vergnügen? Freuen Sie sich darauf, sie vorzuführen?

Sollte es Ihnen gar möglich sein, die Fertigkeit wirklich auszuprobieren, dann tun Sie es bitte und achten Sie auf eventuelle technische Verbesserungen. Mit dem inneren Meister üben ist etwas, was Sie immer wieder tun können.

Nach einer Weile werden Sie die einzelnen Schritte nicht mehr durchzugehen brauchen, um dieses Mitglied Ihrer inneren Besatzung zu mobilisieren. Der innere Experte wird so sehr ein Teil von Ihnen geworden sein, daß Sie das Gefühl haben werden, als empfingen Sie jedesmal, wenn Sie üben, Anweisungen und Verbesserungen.

Mit Hilfe desselben Verfahrens können Sie auch andere Mitglieder Ihrer inneren Besatzung mobilisieren, die auf anderen Gebieten Meister sind oder außerordentliche Qualitäten besitzen. Je mehr

Zeit Sie sich nehmen und je stärker Sie es sich zur Gewohnheit machen, Fertigkeiten auf der inneren Ebene einzuüben, desto rascher werden sich deren äußere Manifestationen in Ihnen entwikkeln.

Sogar Fertigkeiten, die für die Kommunikation und für besser funktionierende Beziehungen von Bedeutung sind, können mit Hilfe dieses Verfahrens erworben werden.

Vielleicht möchten Sie dies ebenfalls ausprobieren, indem Sie jetzt den Beziehungsexperten auf den Plan rufen. Dieses innere Besatzungsmitglied hält die Gabe der Kommunikation für Sie bereit, die Fähigkeit, mit dem Wesenhaften Ich eines Menschen, den Sie kennen, Kontakt aufzunehmen, statt sich ständig in alten, abgegriffenen Mustern der Beziehungsfindung zu verheddern.

Folgendermaßen könnte eine solche Sitzung funktionieren: Rufen Sie sich eine Person ins Gedächtnis, mit der Sie gern besser auskämen. Machen Sie von all Ihren Sinnen Gebrauch, um eine klare Vorstellung von dieser Person – äußeres Erscheinungsbild, Stimme, Gewohnheiten, Einstellungen, Lebensweisen – zu erhalten.

Stellen Sie sich nun vor, der Beziehungsexperte ginge mit Ihnen und dieser Person hinüber zu einer besonderen Couch, auf der Sie sich entspannen und miteinander reden können.

Nun regt der Experte vielleicht an, daß Sie und die Person, die Sie sich in Erinnerung gerufen haben, ein Gespräch über Fragen beginnen, in denen Sie uneins sind. In der Realität übernehmen natürlich Sie in dieser imaginären Unterhaltung beide Rollen. Sich von vorgefaßten Meinungen über die andere Person zu verabschieden und tatsächlich mit der Stimme des Gegenübers zu sprechen kann Ihnen mannigfache Einsichten bescheren.

Sollten Sie bei dem Gespräch in einer Sackgasse landen, bitten Sie den Beziehungsexperten, Ihnen über die Stockung hinwegzuhelfen. Der Experte könnte beispielsweise darauf aufmerksam machen, daß Sie und Ihr Freund oder Ihre Beziehung einander wirklich Lehrer sind, die sich gegenseitig gerade durch ihre Unterschiede feilen und verfeinern.

Unter Anleitung des Beziehungsexperten könnten Sie sich nun vorstellen, daß Sie die Hand der anderen Person halten und tief in deren innerstes Wesen hinabschauen. Gleichzeitig blickt die Person, mit der Sie besser auskommen möchten, wiederum Ihnen tief in Verstand und Herz. Wehren Sie sich nicht gegen möglicherweise aufkommende Empfindungen, vorausgesetzt, sie vertiefen die Zwiesprache. Weinen Sie, wenn Ihnen danach ist, und lassen Sie sich von Ihrem Freund oder einer anderen Vertrauensperson trösten.

Wenn Sie das Gefühl haben, die Sitzung ist für heute abgeschlossen, bitten Sie den Experten, Ihnen in Ihrer Beziehung auch künftig zu helfen. Geben Sie sich das Versprechen, daß Sie, wann immer möglich, versuchen werden, diese Haltung konzentrierten Zuhörens und intensiver Zwiesprache in eine tatsächliche Begegnung mit Ihrem Freund einzubringen.

Ihr Freund, das Wesenhafte Ich, nimmt Sie nun bei der Hand und führt Sie wieder zurück, damit Sie den Rest Ihrer inneren Mannschaft treffen. Unter den Besatzungsmitgliedern fühlen Sie sich möglicherweise besonders zur Arbeit mit dem Heiler hingezogen.

Den Heiler könnten Sie sich als Repräsentanten Ihrer angeborenen körperlichen Weisheit und Intuition vorstellen, als den Teil von Ihnen, der Zugang zu Milliarden Bits an Informationen über Ihre Gesundheit und deren Verbesserung hat.

Indem Sie dem Wesen des Heilers gestatten, die vorderste Linie Ihres Bewußtseins zu besetzen, können Sie Ihr Gespür dafür stärken, was Sie für sich tun müssen, um einen optimalen Gesundheitszustand zu erreichen und sich bei bester Gesundheit zu erhalten.

Wenn Sie Ihren inneren Heiler zu Rate ziehen möchten, ergreifen Sie seine Hand und schauen Sie ihm tief in die Augen. Fragen Sie den Heiler, was Sie tun können, um gesünder zu werden. Die Antworten kommen vielleicht als Worte oder Vorstellungen, Gefühlszustände oder starke Ahnungen.

Je nachdem, was Sie momentan gerade brauchen, könnten Sie praktische Fragen über Symptome stellen – ob Sie sie behandeln lassen sollten oder besser nicht. Sie können um Rat bitten, was Diät und Gymnastik betrifft. Vor allem aber können Sie ihn bitten, Ihnen ein starkes Gefühl dafür zu vermitteln, wie es sich in Ihrem bestens funktionierenden Körper leben ließe.

Auf diese Art und Weise mit seinem Heiler zu arbeiten ist etwas, was wir alle die ganze Zeit tun. Wenn Sie Kinder haben, »wissen« Sie dann nicht oftmals, wann die Magenschmerzen eines Kindes mit Medikamenten behandelt werden müssen und wann eine Umarmung vollkommen ausreicht? Die Konsultation Ihres inneren Heilers erlaubt Ihnen, dieselbe Art von Intuition auf den eigenen Körper anzuwenden.

Mit weiteren Aspekten Ihres natürlichen inneren Wissens können Sie in Kontakt kommen, indem Sie mit anderen Mitgliedern Ihrer inneren Besatzung zusammenarbeiten – dem Erfinder, dem Liebhaber, dem Schüler, dem Autor, dem Gruppenleiter, dem Mystiker. Während Sie jedem einzelnen gegenübertreten, haben Sie vielleicht für ein paar Augenblicke das Gefühl, sich stark mit dem Betreffenden zu identifizieren oder gar mit ihm zu verschmelzen, wobei Sie sich etwas von der besonderen Fähigkeit des jeweiligen Teils Ihrer Persönlichkeit aneignen.

Sollte Ihnen die Vorstellung, so viele »Wesen« im Innern zu beherbergen, seltsam vorkommen, dann deshalb, weil unsere Kultur so großes Gewicht darauf legt, daß jeder Mensch nur über eine einzige, widerspruchsfreie Persönlichkeit oder Rolle verfügt. Gewöhnlich sehen wir uns durch eine einzige Brille als Anwältin, Lehrerin oder Hausfrau, als ob dieses eine Etikett alles ausdrückte, was wir sind. Wir beschreiben unsere Persönlichkeit als »kontaktfreudig« oder »still und schüchtern«, als »freundlich« oder »einzelgängerisch«, als ob diese Charakterisierungen alles ausdrückten, was wir sind oder sein können. Unsere anderen Interessen, die anderen Teile unserer Persönlichkeit trivialisieren wir, indem wir sie »Hobbys« nennen, oder betrachten sie selten überhaupt als Aspekte unseres Ich.

Auf der inneren Ebene übersetzt sich diese Betonung einer einheitlichen Persönlichkeit in ein begrenztes »lokales Ego«, gegen das wir jede neue Erfahrung und Anforderung abwägen. »Stärkt diese neue Aktivität oder Person mein lokales Ego, mein Gefühl dafür, wer ich bin?« fragen wir uns. Wenn ja, dann nehmen wir es an und fügen es unserer Ich-Vorstellung hinzu. Bedroht es die vereinte Stärke des Ich, brandmarken wir die neue Erfahrung oder Person als Außenseiter und vertreiben sie.

Wie viele Gelegenheiten zur Entwicklung und Bereicherung enthalten wir uns vor, wenn wir an einer derart begrenzten Auffassung von uns festhalten? Welche neue Fertigkeiten, neuen Freunde oder Partner, welche neuen Erfahrungen versäumen wir, weil sie oberflächlich den Eindruck erwecken, als seien sie untypisch für uns?

Doch es gibt noch eine andere Seinsweise. Was wir uns unter »Persönlichkeit« vorstellen, variiert von Epoche zu Epoche und von einer Kultur zur anderen. Unter vielen Eingeborenenvölkern gilt der Nachdruck, den wir auf die Befriedigung individueller Sehnsüchte und Wünsche eines einzelnen lokalen Ich legen, schlicht als vollkommen verrückt!

In Bali beispielsweise wechseln die Menschen mit Leichtigkeit ihre Rollen und bewohnen verschiedene Teile ihres Ich. Ein Balinese könnte im Laufe einer Woche Reisbauer, Maskenmacher, Orchestermusiker, Tänzer oder Schauspieler in den rituellen Dramen, Textildesigner und Mitglied irgendeines Wohltätigkeitsvereins sein, während er sich weiterhin intensiv allen Generationen in seiner Familie widmet. Jede dieser Rollen zeigt, »wer er ist«. Solange er eine bestimmte Rolle spielt, gilt ihr seine ungeteilte Aufmerksamkeit, und er füllt sie mit dem ganzen Gewicht seiner Persönlichkeit aus.

Das balinesische Ideal einer fließenden, multiplen Persönlichkeit könnte ein Modell für die gesunde Psyche sein, nach der wir alle streben können, wenn wir uns verstärkt Zugang zu den Bewohnern unseres eigenen Innenraums verschaffen.

Wenn Schizophrenie, die Spaltung oder Zersplitterung der Persönlichkeit, die Krankheit des modernen Menschen ist, dann kann »Polyphrenie«, der allmähliche Zugang zu den verschiedenen Teilen der Persönlichkeit, unsere gewachsene Gesundheit symbolisieren. In einer Welt, in der es zunehmend zu Begegnungen mit vielen unterschiedlichen Kulturen und Lebensweisen kommt, ist eine rege Versammlung von Persönlichkeiten in unserem Innern, auf die man zurückgreifen kann, in der Tat ein Weg, um nicht überrannt zu werden.

Wenn Sie den Reichtum eines erweiterten Ich erkunden möchten, dann werden Sie, was Ihr Handeln und Ihre Persönlichkeit betrifft, polyphrenisch.

Belegen Sie probeweise einen Kurs in etwas, woran Sie im Traum nie gedacht hätten – wie Autoreparatur, Bauchtanz oder Pilzesammeln. Ich habe kürzlich mit Baseballwerfen angefangen. Ich kenne einen sehr angesehenen amerikanischen geistigen Hindu-Führer, der Hockeyspielen lernt.

Die Ausbildung neuer und ungewöhnlicher Fertigkeiten erweitert auf wunderbare Weise die Bandbreite und die Eigenschaften Ihrer verschiedenen Ichs.

Ebenfalls zu unserer inneren Versammlung gehören Wesen, die uns selber zu verkörpern scheinen, wie wir in früheren Lebensaltern waren. Mit solchen Bezeichnungen wie »das innere Kind« popularisiert (und verspottet), wurde mittels einer Vielfalt von Verfahren eine Verbindung zu diesen früheren Versionen unseres Ich hergestellt, darunter Hypnose, Meditation, innerliche Konzentration und sogar die elektrische Stimulation des Gehirns.

Warum sollten wir mit solchen Wesen Kontakt aufnehmen wollen? Wie können Sie uns heute nützen?

Tückisch daran ist, daß frühere Versionen von uns selber häufig an alten Einstellungen hängen und in Kränkungen befangen sind, die wir zu früheren Zeiten unseres Lebens erfuhren. Dort sind sie, unsere jüngeren Ichs, gefangen in einer Art Zeitverschiebung, und führen immer wieder dieselben Geschichten auf. Sie wissen nicht, daß wir erwachsen geworden und weiter vorangeschritten sind, und sie projizieren weiterhin alte Traumata in den Strom unserer gegenwärtigen Gedanken.

Wenn Sie als Freund und kluger Berater eine frühere Version von sich aufsuchen, können Sie vielleicht Trost spenden oder die

Schmerzen Ihres früheren Ich lindern helfen. Sie sind damit möglicherweise imstande, die Schemata und die emotionale Färbung Ihres gegenwärtigen Denkens zu ändern.

Vielleicht möchten Sie Ihren inneren Freund zu dem Treffen mitnehmen, weil er über Ihr ganzes Leben und all Ihre Erinnerungen verfügt, oder ein paar andere Mitglieder Ihrer inneren Besatzung bei der Begrüßungsparty dabeihaben, möglicherweise den Psychologen, einen Elternteil oder den Heiler.

Denken Sie einen Moment lang an Zeiten in Ihrem Leben, wo es für Ihre Heilung sehr vorteilhaft gewesen wäre, hätte Ihr gegenwärtiges Ich Sie besucht, verfügt es doch über die Weisheit und das Verständnis, die Sie in den dazwischenliegenden Jahren erworben haben.

Da es sich um eine erste Übung handelt, ist es vielleicht besser, nicht gerade Zeiten auszuwählen, zu denen Sie in Traumata verfangen waren. Halten Sie lieber nach Phasen der Verwirrung oder des Konflikts Ausschau, wo ein kluger und mitfühlender Ratgeber äußerst willkommen gewesen wäre.

Sind Sie soweit? Dann wollen wir anfangen.

Ich habe es als sehr hilfreich empfunden, bei der rückwärtigen Zeitreise mit dem Ziel, sich selber in früheren Lebensstadien zu begegnen, tatsächlich rückwärts zu laufen. Auch sanfte meditative Musik unterstützt dieses Reise-Verfahren.

Wir beginnen nahe an der Gegenwart. Denken Sie an eine Zeit während der letzten zehn Jahre ungefähr, als Sie einen Freund hätten brauchen können, der Sie ermutigt und Ihnen psychologisch beigestanden hätte. Während Sie im Geiste in die Vergangenheit reisen, bitten Sie diese Person, die Sie waren, sich zu offenbaren.

Rufen Sie sich das Bild dieses früheren Ich so lebhaft wie möglich in Erinnerung. Sehen Sie es vor sich stehen. Nehmen Sie dieses Wesen bei den Händen, sprechen Sie, unterstützt von dem Mitglied Ihrer weisen Besatzung, das Sie mitgenommen haben, ganz gleich, um wen es sich handelt, mit Ihrem früheren Ich und geben Sie die Ermutigung und den Zuspruch, die er oder sie brauchen könnte.

Wenn das Ich dieses Stadiums nicht anders kann, als seinem Schmerz durch Tränen oder einen Wutausbruch freien Lauf zu lassen, bleiben Sie zum Zeichen der Freundschaft und zum höheren Zeugnis dabei. Wenn Ihr jüngeres Ich sich allmählich sicherer fühlt, helfen Sie ihm oder ihr, die positiven Folgen zu erkennen, die aus Verletzung oder Ratlosigkeit resultierten, und bieten Sie an, die Sache vom Standpunkt Ihrer gegenwärtigen Erfahrung und Klugheit aus zu betrachten...

Wenn es so aussieht, als sei dieser Teil des Prozesses abgeschlossen, bitten Sie dieses frühere Ich, sich Ihnen anzuschließen, wenn Sie sich in noch jüngeren Jahren besuchen, vielleicht irgendwo im Alter zwischen zwanzig und dreißig.

Stoßen Sie nun beim nochmaligen Rückwartsgehen zu einer Zeit auf sich, als Sie im frühen Erwachsenenalter einen klugen Ratgeber wirklich nötig gehabt hätten. Vielleicht weiß dieses Ich nicht, welchen Beruf es ergreifen oder welchen Partner es wählen soll. Treten Sie als kluger Berater auf. Erzählen Sie Ihrem früheren Ich, wie die Dinge sich entwickelt haben, berichten Sie von den Freuden und von der Zufriedenheit, die Ihrem Leben aufgrund der schwierigen Entscheidung, die er oder sie traf, beschieden gewesen seien...

Wenn dieser Teil des Prozesses beendet zu sein scheint, fangen Sie wieder an, rückwärts zu laufen, und nehmen Sie sich ins frühe Erwachsenenalter mit, um sich diesmal während Ihrer Jugendzeit zu begegnen.

Lauschen Sie diesem jungen Menschen voller Hoffnungen, Träume, Ängste, Verlegenheiten und Sehnsüchte, der Sie einst waren. Spüren Sie die Verletzungen, die Ihre heranwachsende Seele möglicherweise erlitt. Versichern Sie Ihrem jugendlichen Abbild, daß die Wunden von heute die Stärke von morgen sind. Sprechen Sie diesem jungen Menschen Lebensmut zu. Sagen Sie ihm oder ihr, daß das Leben weitergeht und daß die Zukunft weitere Werkzeuge zur Bewältigung des Lebens bereithält...

Reisen Sie gemeinsam mit Ihrem jugendlichen Pendant noch weiter zurück in die Vergangenheit, in eine Zeit, in der Sie als sehr junger Mensch einen älteren und klügeren Freund hätten gebrauchen können. Überraschenderweise nimmt dieses Kind, das Sie sind, Ihre Anwesenheit als selbstverständlich hin.

»Natürlich«, könnte es sagen, »du bist ich selber als erwachsener Mensch. Wo steckt der Rest von diesen Burschen?«

Stellen Sie all Ihre anderen Ichs vor und setzen Sie sich mit dem Kind hin, um darüber zu reden, was in seinem Leben geschieht. Fühlt Ihr Kind sich einsam oder unbeachtet, helfen Sie und geben Sie Zuspruch; reden Sie über die Talente und Stärken des Kindes. Versetzen Sie das Kind in Erstaunen über seinen Körper und seinen Geist und die dort ruhenden Schätze.

Als abschließenden Schritt rückwärts laden Sie das Kind ein, sich Ihnen und dem Rest Ihrer Besatzung anzuschließen, um sich als Baby zu besuchen.

Erleben Sie nun das Wunder, Ihr kindliches Ich in den Armen zu wiegen. Während Sie voller Freude und Zärtlichkeit auf den Säugling starren, der Sie war, geben Sie Ihrem heiligen Kind den Segen all Ihrer Leben. Schauen Sie zu, wie der Säugling sich in der Sicherheit und Liebe sonnt, die Sie darbringen – Gaben, die Gold, Weihrauch und Myrrhe entsprechen...

Ihr Freund dreht sich nun um, schaut Sie gespannt an und sagt: »Würdest du gern einen Moment an deinem Lebensentwurf mitwirken?«

»Natürlich!« erwidern Sie.

»Dann folge mir.«

Der Freund schreitet über etwas wie einen Abgrund hinweg. Anfangs machen Sie einen nervösen Eindruck, weil unter Ihnen scheinbar eine gähnende Leere klafft. Aber dann verfestigt sich der Boden unter Ihren Füßen, und Sie werden in ein Zimmer jenseits von Zeit und Raum geführt, in dem die großen Hüter der Muster die Möglichkeiten jedes einzelnen Lebens festlegen.

Vielleicht stellen Sie sich Ihre Musterhüter als Weber vor, welche die zahlreichen Schnüre und Farben von Gefühl und Erfahrung ineinanderschlingen. Überlegen Sie sich nun genau, welchen Möglichkeitsstoff oder -faden sie am liebsten in den Gobelin Ihres Lebens einweben möchten.

Ist es ein Gelegenheitsfaden? Die Seide der Beziehung? Die knotige Wolle der Herausforderung? Oder vielleicht der Satin der Bequemlichkeit und des angemessenen Reichtums?

Vielleicht möchten Sie sich mit Ihren früheren Ichs beraten, damit Sie Ihnen bei der Auswahl eines klugen und fruchtbaren Musters behilflich sind. Wenn Sie glauben, das Richtige gefunden zu haben, beschreiben Sie den Hütern der Muster das neue Design. Schauen Sie zu und spüren Sie, wie es in Ihrem Leben verankert wird, denn dies ist der Ort neuer Schöpfung.

Sagen Sie den Hütern der Muster Lebewohl, schreiten Sie nun in der Zeit nach vorn und segnen Sie sich in jedem Lebensalter mit diesem Muster, das Sie zu neuem Denken und Handeln befähigt.

Als Sie Ihr gegenwärtiges Alter erreichen, sehen Sie, wie sich aus der Ferne eine Gestalt nähert. Es ist ein sehr weiser, alter Mensch. Als er oder sie näher kommt, erkennen Sie, daß es sich um Ihr künftiges Ich handelt. Dieser weise, alte Mensch umarmt Sie und gibt Ihnen aus der Zukunft Kraft, Würde und Mut.

Der oder die weise, Alte erzählt Ihnen von den wundervollen Wegen, die vor Ihnen liegen und gibt Ihnen ein paar Ratschläge zu ihrer Bewältigung. Hören Sie gut zu und lernen Sie...

Was können wir über dieses Verfahren sagen?

Natürlich ändert nichts von dem, was Sie getan haben, etwas an den Dingen, die wirklich in Ihrem Leben geschehen sind. Dennoch haben Sie etwas ebenso Wundervolles getan. Sie haben die Spur Ihrer Erfahrung bereichert.

Wir wissen, daß die Episoden unseres Lebens im Gehirn kodiert sind. Aber das Gehirn macht keinen großen Unterschied zwischen dem, was tatsächlich geschah, und der Art und Weise, wie eine Erinnerung umgeformt wird oder eine neue Vorstellung von einem Ereignis entsteht. Als Ergebnis dieser Übung wurden Ihre Erinnerungen an vergangene Ereignisse zu neuen Erinnerungen des Trostes und der Heilung, der Ermutigung und Befähigung verknüpft.

Viele meiner Schüler berichten mir, daß sie nach Durchlaufen dieses Verfahrens das Gefühl gehabt hätten, als seien sie geistig erweitert worden und als besäßen sie nun ein tieferes seelisches Gespür. Alte Ängste und Schwächen seien verblaßt. Indem sie sich eine »vertiefte Vergangenheit« gaben, strukturierten sie ihre Erinnerungen neu und fügten ergiebige Schichten aus Freundschaft und klugem Rat hinzu, auf die sie künftig zurückgreifen können.

Um von der Übung uneingeschränkt profitieren zu können, müssen Sie sie vielleicht einige Male wiederholen. Sie leisten hier echte Kopfarbeit – indem Sie die Spur der Vergangenheit, wie sie Ihren Gehirnzellen eingeprägt ist, modifizieren und dabei von schlechten Gewohnheiten ablassen, Freiraum für neues Denken schaffen sowie Energie und Seele in Zeiten zurückbringen, als sie möglicherweise verlorengingen.

Das Wundervolle am menschlichen Geist ist, daß wir in uns selber auf Zeitreise gehen und uns dabei einen schmerzhaften Knoten vornehmen können, um ihn behutsam zu lösen und die Stelle zu heilen. Jedesmal, wenn wir uns Verletzungen offen stellen und bereit sind, sie anzuerkennen, heilen wir sie ein klein wenig mehr. Gleichzeitig machen wir uns Mut und wappnen uns dagegen, einmal mehr in das schwarze Loch der Verzweiflung zu fallen.

Doch jetzt ist es an der Zeit, die psychologische Sphäre zu verlassen und über den gewundenen Pfad im Inneren des Berges nach oben zu steigen. Nehmen Sie einen Schlag Schokoladen-Mousse, wenn Sie an der Tür zur sinnlichen Sphäre vorbeikommen, und setzen Sie Ihren Weg bis in die Spitze fort. Klettern Sie ins Freie, und wuchten Sie die Steinplatte wieder an ihren Platz.

Während Sie in Windungen talwärts marschieren, staunen Sie über die Wunder des Verstandes und seine Fähigkeiten. Sie geloben, viele Exkursionen ins Berginnere zu unternehmen. Zunächst einmal kehren Sie jedoch dorthin zurück, wo Sie angefangen haben und von wo in Kürze eine andere Erkundung ihren Ausgang nehmen wird.

Die mythische Reise

Wußten Sie, daß Sie das Mythen schaffende Bindeglied waren? Nun denn, Sie sind es.

Sie sind die lebende Verbindung zwischen den großen Geschichten aller Zeiten und Schauplätze sowie der Aufführung dieser Geschichten im alltäglichen Leben. Unter dem Boden Ihrer Alltagswelt erstreckt sich das weitverzweigte Wurzelsystem des Es-war-Einmal und des Es-könnte-Sein.

Sie müßten es spüren, vorausgesetzt, Sie waren jemals auf der Suche nach irgend etwas – einem neuen Job, einem Platz, an dem Sie sich zu Hause fühlen, einer verlorenen Liebe, einer neuen Existenz.

Wonach Sie auch strebten, jedesmal sind Sie mit Parzival auf der Suche nach dem Heiligen Gral gewandert, sind mit Dorothy die Yellow Brick Road entlanggegangen, um zurück nach Kansas zu gelangen, haben sich mit Psyche abgemüht, um mit Eros wiedervereinigt zu werden, haben mit Luke Skywalker die Geheimnisse des Gebrauchs der Macht entdeckt, haben mit Buddha unter dem Feigenbaum bei Bodh Gaya meditiert, entschlossen, die Erleuchtung zu erlangen.

Geschichtenerzählen ist die älteste Form des Lehrens und das grundlegende kulturelle Übertragungsmedium von einer Generation zur nächsten.

Versetzen Sie sich fünftausend Jahre oder mehr zurück zu Ihren eigenen Vorfahren, die um ein flackerndes Feuer herum versammelt sitzen und sich gegen die Kälte zusammenkauern. Ihre Urgroßmutter viele Menschenalter vor Ihnen beginnt eine Geschichte zu erzählen, wie sie sich im finsteren Wald verirrte. Ihr Uronkel viele Menschenalter vor Ihnen nimmt den Faden der Erzählung auf und erzählt von seltsamen Tieren, die er gesehen hat, von wandernden Geistern, denen er begegnet ist, und von magischen Talismanen, die er entdeckt hat. Ihre Urnichte viele Menschenalter vor Ihnen erschauert vor Furcht und Wonne, rückt näher heran und fragt: »Was passierte dann?«

Diese Szene hat sich über viele Generationen hinweg in Ihrer Familie immer wieder aufs neue abgespielt, bis auf den heutigen Tag, wo Sie sich vor dem flimmernden Fernsehbildschirm oder der Kinoleinwand einfinden und sich wie ein Kind auf eine Geschichte aus längst vergangener Zeit in einer weit, weit entfernten Galaxis freuen, wo Helden in den dunklen Weiten des Weltraums Bundesgenossen begegnen, die für ihre Weisheit berühmt sind, und mit ihnen die Mächte der Finsternis bekämpfen.

Geschichten sind der Saft, durch den sich Bewußtsein und Kultur bewegen.

Wenn Jesus in langen, trockenen Vorträgen statt in Gleichnissen gelehrt hätte, glauben Sie, irgend jemand hätte zugehört?

Wenn die großen Epen Mahabharata und Ramajana nicht in der Seele Indiens ruhten, wäre die indische Kultur dann so fruchtbar an geistigen Reichtümern?

Wenn ein Besucher von einem anderen Planeten auf die Erde käme und die menschliche Rasse fragte: »Wer genau seid ihr?«, müßten wir erwidern: »Wir sind Geschichtenerzähler.«

Geschichten sind die Währung menschlicher Entwicklung. Beim Erzählen und Wiedererzählen, Hören und Wiederhören enthüllen sie ihren tieferen Sinn.

Wir alle kennen intuitiv die Macht von Geschichten. Mit Freunden und Familienangehörigen tauschen wir Geschichten aus, oftmals dieselbe Geschichte immer wieder.

Ein alter Freund sagt: »Habe ich dir jemals von ... erzählt?«

Sie erwidern: »Na klar, aber erzähl's mir noch einmal«, denn mit jedem Erzählen werden die Fakten klarer, das Gold der Bedeutung reiner, und neues Licht fällt in finstere Winkel.

Wie wir unser Leben als Geschichte sehen, bestimmt überdies häufig, wie das Leben uns behandelt.

Betrachten wir unser Leben als triviale Geschichte, fallen wir leicht in Trägheit und geben uns geschlagen. Finden wir hingegen, daß unser Leben eine bedeutendere Geschichte ist, kommen wir wieder auf die Beine und blicken mit frischer Kraft nach vorn.

Und der Blick auf unser Leben als großartige Geschichte kann uns mit der Begeisterung für das Mögliche erfüllen, uns Zugangskodes zu einer neuen Skala von Möglichkeiten verschaffen und uns ein mythisches Leben bescheren.

Hier ist ein Beispiel für das, was ich meine. Eine Frau aus meinem Bekanntenkreis sah in der Geschichte ihres Lebens ein Stück mit unglücklichem Ausgang. Ihre Kinder waren erwachsen und aus dem Haus, ihr Mann wurde von seinen Geschäften in Anspruch genommen, und ihr Leben erschöpfte sich darin, immer dieselben Menschen zu sehen und immer dieselben Dinge zu tun. Ohne fesselnde Geschichte, ohne das Gefühl, daß ihr Leben irgendein Ziel hatte, kam sie sich vor, als stürbe sie allmählich an Trägheit.

Dann schickte eine Freundin ihr eines Tages eine Glückwunschkarte. Innendrin war ein Gedicht von Emily Dickinson abgedruckt:

I would not paint – a picture –
I'd rather be the One
It's bright impossibility
To dwell – delicious – on –
And wonder how the fingers feel
Whose rare – celestial – stir
Evokes so sweet a Torment –
Such sumptuous – Despair –

(...)

Nor would I be a Poet –
It's finer – own the Ear –

Enarmored – impotent – content
The License to revere,
A privilege so awful
What would the Dower be,
Had I the Art to stun myself
With Bolts of Melody. *

Als sie die Worte »üppige Verzweiflung« las, dachte sie bei sich: »Wie wundervoll, mich aus meiner lächerlichen Verzweiflung zur üppigen Lobpreisung meines Zustands aufzuschwingen!«

Sie suchte nach ausdrucksstärkeren Worten zur Beschreibung ihrer Empfindungen: »der arktische Winter meiner Seele«, »Felder, die brachliegen vor gescheitertem Leben«, und »Küsse, trocken wie die Wüste, in der Oase des Herzens«.

Dann fiel ihr ein, daß sie als junges Mädchen Gedichte geschrieben hatte. Sie fing wieder an zu schreiben, über alltägliche Dinge.

»Ich bin mir nicht sicher, ob meine Gedichte regelrecht »melodische Blitze« sind«, sagte sie mir, »aber der Gedanke, ich sei eine Dichterin, ließ mich weitermachen.«

»Was geschah dann?« fragte ich.

»Ich schickte meiner verheirateten Tochter ein Gedicht, und sie antwortete ihrerseits mit einem eigenen Gedicht. Bald darauf telefonierten wir regelmäßig miteinander und kamen uns näher, so nahe, wie wir uns seit Jahren nicht gewesen waren. Dann bot ich meinen Freundinnen eines Tages, als die Unterhaltung an einem toten Punkt angekommen war, an, eines meiner Gedichte vorzulesen. Sie waren

---

* Statt – ein Bild – zu malen / Wär' ich lieber das Eine / Blanke Unmöglichkeit ist's / – Köstlich – staunend zu verweilen / Wie Finger spüren / Wes seltener – himmlischer – Aufruhr / So süße Pein erweckt – / Solch üppige Verzweiflung. (...) Auch dichten tät ich nicht – / Viel schöner ist's – das Ohr zu haben – / Verliebt – ohnmächtig – zufrieden / Die Freiheit zu verehren / Ein ehrfurchtheischend Vorrecht / Welch Mitgift tät ich besitzen, / Verstünd ich's selber mich in Staunen zu versetzen / Mit wohlklingenden Blitzen. *The Poems of Emily Dickinson,* hg. von Thomas H. Johnson, Harvard [7]1979, Bd. 2, 505, S. 387 f.

neugierig, und binnen einer Woche hatten wir einen Dichtkreis. Wir fingen an, Empfindungen auszudrücken und zu erkunden, wie wir es niemals zuvor getan hatten. Eins führte zum anderen, und es dauerte nicht lange, da gründete ich solche Dichtkreise in meinem Viertel für Kirchengruppen. Mein Leben war bedeutender geworden.«

Es verging kein Jahr, da bat man diese Frau, für Frauen aus der Innenstadt ebenfalls Dichtkreise ins Leben zu rufen. Sie bot sich an, halbwüchsigen Mädchen, die in Schwierigkeiten steckten, als Freundin vor Gericht beizustehen, und sie engagierte sich im sozialen Bereich, um Familien zu helfen.

Heute ist ihr Leben ein wenig wie eine Berg- und Talfahrt, voller Abenteuer, und sie würde es um nichts in der Welt aufgeben.

»Jetzt versetze ich mich selbst mit melodischen Blitzen in Erstaunen«, sagt sie. »Und ich bringe Melodien an Orte, wo die Menschen vergessen haben, daß es da ein Lied fürs Leben gab.«

Indem sie aus der kleinen Geschichte ihres Lebens eine bedeutendere und schließlich eine großartige machte, drehte diese Frau einen Schlüssel um und öffnete die verschlossenen Türen ihrer Seele. Heute führt sie ein Leben, das man nur mythisch nennen kann.

Diese Geschichte zeigt, wie leicht jemand in den Sog des Mythos geraten kann. Seine kraftvolle Sprache, seine Symbole und Bilder sind überall um uns herum und sind geladen mit Bedeutung und Absicht. Mythen erzählen von dem Kampf, einem toten Land neues Leben einzuhauchen, vom Tod der Seele und von ihrer Wiederauferstehung, von der Suche nach dem geliebten Menschen, von der großen Verletzung, die einen zum großen Heiler macht.

Mythen sind großartige Geschichten, die über so viele Jahre hinweg von so vielen Menschen so viele Male mit kulturell bedingten Variationen erzählt wurden, daß sie Teil der Struktur des menschlichen Bewußtseins geworden sind.

Oder vielleicht wäre es zutreffender, es andersherum auszudrücken.

Mythen drücken die geheime Kodierung des menschlichen Bewußtseins so gut aus, daß Menschen sich zu allen Zeiten an allen

Orten veranlaßt fühlten, sie wieder und wieder zu erzählen, um den tiefsten Wahrheiten, die sie über sich kannten, Ausdruck zu verleihen.

Bewußt oder unbewußt fühlen wir uns zu Geschichten hingezogen, die dem Puzzle unseres Lebens die fehlenden Teile liefern. Begegnen wir diesen Erzählungen, erkennen wir sie auf Anhieb. Sie haben etwas an sich, eine Beziehung, die plötzlich aufblitzt und sagt: »In dieser Geschichte steckt ein Teil von mir selbst.«

Joseph Campbell, der den Mythos wahrscheinlich besser verstand als irgend jemand sonst in diesem Jahrhundert, drückte es am besten aus: »Die Symbole des Mythos werden nicht hergestellt; sie können nicht bestellt, erfunden oder andauernd unterdrückt werden. Es sind spontane Produkte der Psyche, und jedes trägt in sich unverändert die keimende Kraft seines Ursprungs.«

Niemand entkommt dem Mythos, wie sehr er es auch versucht, wie gewöhnlich sein Leben auch erscheinen mag. Menschen sind in Herz und Seele mythische Wesen. Direkt in unseren Zellen verschlüsselt, brütet die Geschichte in unseren Knochen, kühlt in unserem Blut ab, reist durch unser Nervensystem, nimmt mit uns im Mutterschoß Gestalt an, schlängelt sich durch die Rollen und Rituale unseres Lebens, feiert bei unseren Triumphen und trauert bei unseren Tragödien.

Unser Leben ist von Anbeginn an eine großartige Geschichte, ein wahrer Mythos. Jeder von uns hat sich teils aus dem einen Samenfaden entwickelt, der es geschafft hat – dem heldenhaften einzigen von Millionen, der sich seinen Weg stromaufwärts gegen eine schier unüberwindliche Übermacht erkämpfte, um sich mit seiner kosmischen anderen Hälfte zu vereinen, nur um in einer Explosion neuen Lebens einen herrlichen Tod zu sterben.

Jeder Jugendliche sehnt sich nach dem Land jenseits des Regenbogens, dem magischen Land des Erwachsenendaseins, wo wir unsere Unbeholfenheit ablegen, wichtige Aufgaben übernehmen und für die angesehen werden, die wir wirklich sind, und wo wir den wundervollen anderen finden, welcher der Gefährte unserer Seele ist.

Die typische Midlife-crisis ist eine Art Passionsspiel. Wir verlieren einen Job, unsere Ehe geht in die Brüche, wir erkranken ernsthaft. Diese Zerstörung unserer Hoffnungen und Träume erscheint uns oft wie eine Art Tod.

Aber wie im Mythos ereignet sich auch unser Leiden in der Mitte der Geschichte, deren Ende den Zugang zu großartigeren Fertigkeiten und mehr Verständnis und sogar die Auferstehung zu einer neuen Seinsweise markiert.

Auch der Tod ist eine mythische Verwandlung – kein endgültiges Ende, sondern das Überschreiten einer weiteren Schwelle, ein Vorstoß in das Große Geheimnis, dorthin, wo wir unsere Energie mit dem Ursprung vereinen, von dem alle großartigen Geschichten ihren Ausgang nehmen.

Mythen sind die ungeheure Gabe, die das Universum uns hinterlassen hat, um uns auf unserem Hindernisparcours durchs Leben beizustehen. Wenn wir an die Geschichten vergangener Generationen erinnert und wieder mit ihnen verbunden werden, erschließt sich uns eine reichhaltige und vielfältige Erfahrungswelt.

Großartige Geschichten verleihen unserem Leben einen größeren Zuschnitt. Wenn wir unsere Lebensgeschichte als großartige Geschichte neu entwerfen oder uns bewußt auf eine Rolle in den mächtigen mythischen Dramen einlassen, finden wir neue Metaphern für Konflikt und Versöhnung, stärken unseren individuellen Schutzschild, entdecken Machtobjekte, um uns vor Verletzungen zu schützen, und schmieden neue Bande mit wundervollen inneren Verbündeten.

Der Mythos ist wie ein Kraftfeld, das die Geschehnisse unserer persönlichen Geschichte mit Sinn und Bedeutung auflädt. Er unterstützt und formt unsere emotionalen Einstellungen, versorgt uns mit Lebenszwecken und gibt unserem alltäglichen Handeln Antrieb. Er verleiht dem Leben Sinn und Schwung.

Wenn wir unser Leben mit den Erfahrungen mythischer Gestalten verbinden, erben wir einen geheimen Erfahrungsschatz, der unseren eigenen Erfahrungsfundus erhellt und stärkt. Wir entdecken recht bald, daß auch wir in dem Drama der Weltseele wertvolle Figuren sind, wobei wir die Grenzen unserer eigenen lokalen Geschichte verschieben und Mut gewinnen, so viel mehr zu sein und so viel mehr zu tun.

Wir haben wieder an Größe gewonnen und nehmen unseren Platz mit Parzival und Penelope, mit White Buffalo Woman und der Jungfrau vom See*, mit Quetzalcoatl und Brigid** und mit Mr. Spock ein.

Der Name der neuen Gestalt, die wir aus einer großartigen Geschichte formen, lautet: Sie. Und der Name des Mythos lautet: Ihre Geschichte.

Falls Sie nun bereit sind, zu erkunden, wie Geschichten in Ihr Leben hineinspielen und ihm Auftrieb verschaffen können, dann reisen Sie im Geiste zum Berg des Ich und steigen Sie hinab zur Ebene der Mythen.

* * *

Wieder marschieren Sie also den Berg hinauf. In Ihnen steckt mehr als zu Beginn dieser Reise – mehr Gefühl und mehr Empfindsamkeit, größere körperliche und größere emotionale Fähigkeiten, und Ihre Persönlichkeit ist vielschichtiger geworden. Während Sie höherklettern, genießen Sie den Duft des Kiefernwaldes, das Knirschen von Kieseln, Blättern und Erde unter Ihren Füßen, das scheckige Sonnenlicht zwischen den hohen Bäumen, den belebenden Wind.

Sie erreichen den Gipfel und schieben die Steintafel beiseite. Immer noch können Sie die Inschrift nicht richtig lesen, aber etwas in Ihrem Innern sagt Ihnen, daß Sie der Entzifferung der Botschaft näherkommen.

---

* *The Lady of the Lake* (1810), dt. *Die Jungfrau vom See* (1819), Gedichterzählung von Sir Walter Scott.
** Brigida, Brigit oder Brigitta (um 435–523); irische Nationalheilige, Gründerin des Klosters Kildare.

Eine seltsame Erregung erfüllt Sie. Dieser Ausflug nach unten über den inneren Korridor erscheint Ihnen noch mehr wie eine Reise an einen sehr vertrauten Ort, wie ein Familienbesuch, und dennoch voll der Verheißung neuer Entdeckungen.

Sie passieren die köstliche Tür zum Reich der Sinne und spüren im Vorübergehen, wie Ihre Sinne geschärft werden. Sie kommen am verspiegelten Eingang zum Reich der Psyche vorbei und bleiben stehen, um einen Blick zu erhaschen.

Diesmal sind Sie beim Nachdenken nicht allein. Viele Mitglieder Ihrer inneren Besatzung scheinen neben Ihnen zu stehen. Eines kommt nach vorn, tritt aus dem Spiegel heraus und schließt sich Ihnen an. Es ist das Wesenhafte Ich, das Besatzungsmitglied, das wir den Freund nennen. Der Freund ist gutgelaunt und scheint etwas zu wissen, was wir nicht wissen. Ein anderes Mitglied Ihrer Mannschaft, ein lebhaftes Kind, das darauf besteht, mitzukommen, hält den Freund bei der Hand.

Unter Führung des Freundes folgen Sie und das Kind dem gewundenen Weg weiter nach unten, bis Sie die mit zahlreichen Schnitzereien verzierte Tür zum Reich der Mythen und Symbole erreichen.

Die Arbeiten des Herkules sind ebenso in die Tür geschnitzt wie die Sagen von Artus und Genoveva, das hinduistische Epos von Rama und Sita und die Navajo-Erzählung von der Erschaffung der fünf Welten durch Spider Woman. Der Heilige Gral taucht größer als zuvor auf und scheint ein Licht auszusenden, das die Gesichter von Helden und Heldinnen längst vergessener Zeiten projiziert.

Sie öffnen die Tür und befinden sich inmitten eines Strudels fieberhafter Aktivitäten. Ein kräftiger Mann mit Bart und roten Haaren in altertümlicher Tracht räumt Ruder beiseite und macht die Segel eines seetüchtigen hölzernen Schiffes los. Ein Ritter zieht zur Vorbereitung auf eine Reise den Sattelgurt seines tänzelnden Hengstes stramm. Ein junges Mädchen, gefolgt von seinem Hündchen, schaut sehnsuchtsvoll gen Himmel. Ein junger Hindu und eine Hindu-Frau weinen, als sie eine goldene Stadt verlassen.

Verwirrt wenden Sie sich zu dem Freund um. »Wer sind diese Leute? Was geht hier vor?«

»Es sind einige der großen mythischen Helden und Heldinnen am Beginn ihrer Geschichten«, erwidert der Freund. »Der kräftige Mann dort ist Odysseus, der sich bereitmacht, von Troja fortzusegeln. Der Ritter ist Parzival, der sich zur Suche nach dem Gral aufmacht. Das kleine Mädchen ist Dorothy, die vom Land jenseits des Regenbogens träumt. Bei dem hübschen Paar handelt es sich um Rama und Sita. Sie werden gerade aus ihrem Königreich vertrieben und die nächsten vierzehn Jahre im Wald zubringen.

»Wenn du weiter hinschaust, wirst du noch viele andere sehen, denn wir befinden uns im Reich mythischer Anfänge.«

»Was tun wir hier?« fragen Sie den Freund.

»Du schließt dich der Reise an«, erwidert der Freund, »und entdeckst, wie diese Geschichten in Wirklichkeit deine Geschichte im Großen, die gelernten Lektionen deine Lektionen, die Prüfungen und Abenteuer deine eigenen sind, nur in Verkleidung. Such dir eine aus, um die Reise noch heute zu beginnen. Du weißt, daß du jederzeit wiederkommen und eine andere Wahl treffen kannst.«

»Wie soll ich mich entscheiden? Sie sehen alle so einladend aus.«

Plötzlich zieht das Kind, das Ihre Hand hält, Sie zu einer Szene, die Sie bislang noch nicht wahrgenommen haben. Ein junger Mann mit blondem Haarschopf befördert eine launische Maschine mit einem Fußtritt in eine Wüstenlandschaft.

»Diese Geschichte kenne ich«, unterbricht das Kind. »Das ist Luke Skywalker. Komm, wir wollen sehen, was mit ihm passiert.«

»Was für ein Spaß!« sagen Sie und folgen hintendrein.

»Eine gute Wahl«, sagt der Freund. »Das Kind in dir weiß, daß in dieser Geschichte etwas Wichtiges passiert, das für dein Leben und sogar für die Kultur im großen und ganzen von Bedeutung ist. Die *Star Wars*-Story ist die jüngste und populärste Wiedergeburt der Heldenfahrt, ein klassisches Märchen, mit High tech-mäßig herausgeputzt. Die Reise von Luke Skywalker und seinen Getreuen ist die

Rückkehr des Helden mit den tausend Gesichtern. Sie kann dir helfen, sowohl die vielen Gesichter als auch die vielen Geschichten zu entdecken, die in dir stecken.«

»Was meinst du mit Heldenfahrt, und wer ist der Held mit den tausend Gesichtern?« fragen Sie.

Der Freund erklärt: »Erinnerst du dich an deinen ersten Besuch im Reich der Mythen und Symbole? Du hast die Stationen der Heldenfahrt im Schnelldurchgang absolviert: den Ruf des Abenteuers; das Sammeln von Getreuen; das Überschreiten der Schwelle zum Reich Verstärkter Macht; den Bauch des Wals; die Straße der Prüfungen und Abenteuer; die Begegnung mit dem Höheren Hüter und dem Geliebten Partner; den Empfang einer Großartigen Wohltat; und die Rückkehr als Herr Zweier Welten. Dieses Schema findet sich in den meisten großen Mythen der Welt, denn es ist sowohl in der menschlichen Psyche als auch in den Stadien unserer Evolution verankert. Tausende von Helden und Heldinnen großartiger Geschichten durchlaufen diese Stationen. Soll deine Lebensgeschichte heroisch sein, mußt auch du sie durchlaufen. Wir wollen jetzt in diese universale Geschichte eintreten und sehen, wohin sie uns führt.«

***

Plötzlich ist Ihnen sehr warm. Sie schauen nach oben und erblicken zwei Sonnen, die von einem bleichen, blauen Himmel brennen. Sie befinden sich nicht mehr auf der Erde, sondern auf dem dem staubigen Planeten Tatooine. Ihr Körper ist der eines drahtigen zwanzigjährigen Burschen. Sie sind völlig frustriert. Da sitzen Sie also auf einem gottverlassenen Planeten fest, machen eine Arbeit, die sie verabscheuen, ohne viel Hoffnung, Ihrer Situation zu entfliehen.

Sie sehnen sich verzweifelt danach, daß etwas – irgend etwas – geschieht. All Ihre Freunde sind weg. Wenn Ihr Onkel Ihnen bloß erlaubte, die Farm zu verlassen und wegzugehen wie Ihr Vater, damit Sie Pilot werden können. Ihr Onkel beharrt nach wie vor darauf, daß Sie »nur noch eine Saison« bleiben, so wie er im vergangenen Jahr und

in dem Jahr davor darauf bestanden hat und wie er zweifellos im nächsten und übernächsten Jahr darauf bestehen wird.
Sie spüren, wie das Leben in Ihnen sprießt. Ungenutzte und unbekannte Fertigkeiten warten darauf, hervorzubrechen. Aber wie soll das geschehen?

Wie viele Geschichten beginnen in einer Einöde, wo Hoffnungen vereitelt, starre Formen aufgezwungen und junge Menschen nicht beachtet werden? Im *Zauberer von Oz*, der Filmversion des sechzig Jahre alten Mythos, ist ein anderer junger Mensch inmitten eines Dürregebietes gefangen. Die graue Eintönigkeit der Landschaft von Kansas symbolisiert Dorothys Frustration, Staub und Erde ohne Seele.

Wie die Tante und der Onkel von Luke sind auch Dorothys Tante und Onkel von Kummer niedergedrückt und chronisch besorgt. Wie Luke sehnt auch Dorothy sich nach einem innigeren, echteren Ort, an dem die Träume, die sie zu träumen wagt, tatsächlich wahr werden. Aber eine himmlische Katastrophe wird nötig sein, um Dorothy und Luke ihrem ausweglosen Ort zu entreißen und auf die Hauptstraße des Abenteuers zu bringen.

Aller Wahrscheinlichkeit nach ist Ihnen diese Szene nicht nur aus dem Kino vertraut. Wenn Sie in einer grauen Welt aus Gleichförmigkeit gefangen sind und das traurige Gefühl von Ausweglosigkeit haben, dann findet sie Eingang in Ihr eigenes Leben.

Großartige Geschichten zeigen uns, daß das Leben solche »Kein-Ausweg«-Situationen bereithält, um uns daran zu erinnern, daß es an uns liegt, einen Weg vom Planeten der Verzweiflung hin zu neuen Möglichkeiten jenseits des Regenbogens zu finden.

Schließen Sie für eine Minute die Augen und erinnern Sie sich an eine Phase Ihres Lebens, als Sie nicht zurechtkamen, so wie Luke und Dorothy. Was war los? Wecken Sie Ihre Erinnerung. Wandern Sie darin herum. Wenn Sie möchten, schreiben Sie ein paar Minuten lang in Ihrem Tagebuch darüber. Verspüren Sie noch einmal die Gefühle von damals und entsinnen Sie sich, wie es war, so ratlos und frustriert gewesen zu sein.

Begeisterung für das Mögliche

Alle Ödland-Verhältnisse, Ihre eigenen ebenso wie die von Luke und Dorothy, enthalten im Keim den präparierten Zeitpunkt, eine magische Gelegenheit, die Situation zu ergreifen und umzudrehen. Aber im allgemeinen erfordert dies einen radikalen Bewußtseinswandel, denn der einzuschlagende Weg liegt nicht immer offen zutage. Oftmals muß man durch Umstände und unerhörte Kräfte aus der Ratlosigkeit gerissen werden.

Wir wollen sehen, wie Luke dies widerfuhr, und uns erinnern, wie es sich für Sie zugetragen haben könnte.

* * *

Hoch oben am Himmel, außer Sichtweite, ist ein ein Raumschiff der Rebellen-Allianz mit Prinzessin Leia Organa an Bord von imperialen Streitkräften unter Führung des bösen Lords Darth Vader gekapert worden. Lord Vader vermutet, daß das Schiff Geheimpläne über den Todesstern befördert, die uneinnehmbare Kampfstation des Imperiums, die über ausreichend Feuerkraft verfügt, um ganze Planeten in tausend Stücke zu sprengen und die absolute Herrschaft über alles Leben in der Galaxis zu behaupten.

Im Wissen, daß das Schiff gekapert wurde, lädt Prinzessin Leia die gestohlenen Pläne in den lebendigen, äußerlich an einen Hydranten erinnernden Roboter R2-D2, der gemeinsam mit seinem Gefährten, dem hektischen Metallroboter in Menschengestalt C-3PO, in eine Rettungskapsel klettert und zu dem Planeten unterhalb des Schiffes entkommt.

Als die Roboter oder Droiden, wie sie genannt werden, in den Besitz von Lukes Onkel gelangen, bieten Sie als Luke sich an, den kleinen Droiden zu reinigen. Sie stellen fest, daß der Speicher von R2-D2 den hologrammatischen Hilferuf einer bezaubernden jungen Frau enthält: »Helft mir, Obi-Wan Kenobi. Ihr seid meine letzte Hoffnung.« *

---

* *Star Wars*, USA 1977; sämtliche Dialoge zitiert aus der deutschen Synchronfassung *Krieg der Sterne*.

Die wiederkehrende Botschaft prägt sich Ihrem Gedächtnis ein, und Sie blicken fasziniert auf das Mädchen. Ihre Schönheit weckt in Ihnen ein Verlangen nach etwas sehr Vertrautem und längst Vergessenem. Jetzt, wo Sie sie gesehen haben, wird nichts mehr so sein wie zuvor.

Als R2-D2 sich auf eigene Faust davonmacht, um die Botschaft dem Mann zu überbringen, der seinen Worten zufolge sein rechtmäßiger Besitzer ist, fahren Sie und C-3PO in Ihrem Landspeeder los, um ihn von dem alten Ben Kenobi zurückzuholen, einem Einsiedler, der am Rand des Dünenmeers lebt und von dem manche behaupten, er sei verrückt.

Es stellt sich heraus, daß Ben Kenobi alles andere als verrückt ist. Seine weise Gegenwart und ruhige Kraft ziehen Sie unmittelbar in ihren Bann. Offensichtlich sind die Wasser hier sehr tief, und Sie haben das Gefühl, daß er so viel mehr weiß, als er Ihnen erzählt.

Sie erfahren, daß Ben der letzte des legendären Bundes der Jedi-Ritter ist, welche die Freiheit der Galaxis verteidigten, von den finsteren Mächten des Imperiums jedoch um ein Haar vernichtet worden wären. Er erzählt Ihnen, daß er ein Geschenk für Sie hat, von Ihrem Vater, eine elegante Waffe, ein Laserschwert, wie sie vom geheimnisvollen Orden der Jedi-Ritter benutzt wurden, dem auch Ihr Vater angehörte.

Als R2-D2 für Sie und Ben die vollständige Botschaft abspielt, stellt sich heraus, daß es sich bei der liebreizenden jungen Frau um Prinzessin Leia handelt. Sie bittet Kenobi, den Droiden und seine gestohlenen Pläne ihrem Vater auf Alderaan auszuhändigen, der vielleicht in der Lage sei, mit Hilfe der Pläne einen Angriff auf den Todesstern zu organisieren.

»Du mußt dich mit der Macht vertraut machen, wenn du mich nach Alderaan begleitest«, sagt Kenobi zu Ihnen. Sie sind arg in Versuchung, aber noch ist Ihr altes Verhaltensmuster aus Gehorsam gegenüber der Norm und den Wünschen Ihres Onkels zu mächtig.

»Ich kann nicht nach Alderaan. Ich muß nach Hause.«

Aber für Sie gibt es kein Zuhause mehr, in das Sie zurückkehren könnten. Die imperialen Sturmtruppen haben die entflohenen Droiden bis zur Farm Ihres Onkels verfolgt. Alles liegt in Trümmern. Nie-

mand ist mehr am Leben. Die Brücken Ihrer Rückkehr wurden auf grausamste Weise verbrannt. Zerstörung ist vom Himmel gekommen, und Ihr Abenteuer hat begonnen, ob es Ihnen nun gefällt oder nicht.

* * *

Der Ruf des Abenteuers, denn das ist es, was Luke erlebt, als er Leias Botschaft vernimmt, kann in vielerlei Form erfolgen. Im allgemeinen vernehmen wir den Ruf, wenn wir feststellen, daß wir über die Verhältnisse, in denen wir leben, hinausgewachsen sind, wenn nichts von dem, was wir tun, mehr funktioniert, wenn wir der Zone der Behaglichkeit entwachsen sind und spüren, daß unser wahres Zuhause woanders liegt.

Doch der Ruf muß nicht so gewaltsam erfolgen wie im Fall von Luke. Er kann sich genausogut still und leise bemerkbar machen, als innere Stimme, die sich empört, oder als Flüstern neuer Möglichkeiten. Aber in welcher Form der Ruf auch erfolgt, er verlangt sofortiges Handeln.

Für den jungen Prinzen Gautama Buddha, von dem sein Vater jede unangenehme Erfahrung ferngehalten hat, erfolgt der Ruf, als er seinen Wagenlenker bittet, ihn durch die Stadt jenseits der Mauern des Palastes zu fahren. Zum ersten Mal sieht er einen alten Mann, einen kranken Mann und einen Leichnam. Von diesem Anblick auf unerträgliche Weise bewegt, gelobt Gautama, sein Heim zu verlassen und nach Wegen zu suchen, dem Leiden der Menschen ein Ende zu bereiten.

Wie hat Sie der Ruf ereilt? War es ein stiller Anstoß, ein lautes Hallo, wurde Ihr vertrautes Leben zerstört? Oder hat Ihr Geist sich einfach aufgelehnt, um einer anderen Seinsweise Tür und Tor zu öffnen?

Vielleicht ist Ihnen aber auch so zumute, als warteten Sie immer noch auf den Ruf, und Sie fragen sich, ungeachtet Ihres Alters, was Sie wohl sein werden, wenn Sie erwachsen sind.

Um des Abenteuers willen lassen Sie uns schauen, wie der Ruf sich zum gegenwärtigen Zeitpunkt für Sie anhören könnte. Folgen

Sie dem Freund, der Sie in einen leeren Raum führt, dessen Fußboden, Wände und Decke blendend weiß sind. Auf einem weißen Sockel steht ein einzelnes schwarzes Telefon.

»Was ist das für ein Ort?« fragen Sie den Freund.

»Er ist als Station des Rufes bekannt«, antwortet der Freund. »Hier wirst du zum Kern deines Seins gerufen. Dieser Ruf bietet dir keine Lösung deiner alltäglichen Probleme. Er wird dir weder raten, dein Haus zu verkaufen noch die Stelle zu wechseln oder einen neuen Ehepartner zu finden. Es ist ein Ruf, der dich auffordert, dir eines höheren Geschicks bewußt zu werden.«

Plötzlich klingelt das Telefon.

Zuerst sind Sie unwillig, vielleicht ein wenig ängstlich, aber das Klingeln ist hartnäckig.

Sie heben ab, halten den Hörer ans Ohr und lauschen einem Ruf, der einzig und allein Ihnen gilt. Die Botschaft kann in Form von Worten, Vorstellungen oder sogar als heftige Empfindung oder Ahnung erfolgen. Scheuen Sie sich nicht, Fragen zu stellen, sich mit dem Rufenden in ein Gespräch einzulassen. Wenn Sie sich über das Gehörte Notizen machen oder die Botschaft im Bild festhalten möchten, dann tun Sie das bitte.

Denken Sie einen Moment über das nach, was Sie soeben vernommen haben. Wenn Sie nicht sicher sind, was der Ruf bedeutet, oder wenn sich keinerlei Eindrücke einstellen, seien Sie gewiß, daß Sie jederzeit an diesen Ort zurückkehren und auf den Ruf reagieren können, wenn er kommt.

Wenn Sie erst einmal zum Abenteuer gerufen worden sind, brauchen Sie ein paar Bundesgenossen. Die Reise der Verwandlung ist mühselig und braucht, um erfolgreich zu sein, ein reichhaltiges gedankliches und handwerkliches Sortiment. In traditionellen Märchen und Geschichten sind die Gefährten des Helden oder der Heldin häufig Tiere, Angehörige anderer Spezies, gute Feen, magische Helfer.

Im *Zauberer von Oz* begegnet Dorothy drei solchen Bundesgenossen: einem Repräsentanten des Pflanzenreichs, der Vogelscheuche; einem Abgesandten des Mineralienreiches, dem Zinnmann; und einem Abgesandten des Tierreichs, dem Löwen. Gemeinsam mit Dorothy folgen sie dem Ruf des Abenteuers die Yellow Brick Road hinunter und entdecken, daß sie über die Eigenschaften, die sie nicht zu besitzen glaubten, in Hülle und Fülle verfügen.

Wer werden die Verbündeten Luke Skywalkers sein?

* * *

Als Luke gehen Sie mit Ihren neuen Freunden Obi-Wan Kenobi und den beiden Droiden in dem schäbigen Raumhafen Mos Eisley in eine Kneipe, dem geselligen Treffpunkt der Bewohner vieler Welten und zahlreicher Spezies.

Dort finden Sie die Verbündeten, nach denen Sie suchen – den großspurigen, unerschrockenen Raumkapitän Han Solo und seinen Gefährten, den zotteligen Zweieinhalb-Meter-Wookiee Chewbacca. Ihr Raumschiff ist die Millennium Falcon, das Fahrzeug, das Sie von dem Planeten weg in ein großartigeres Leben entführen wird.

In Han Solo begegnen Sie Ihrem Gegenstück. Wo Sie voller Zweifel stecken, ist er voller Gewißheit. Wo Sie nach innen gekehrt und naiv sind, ist er völlig extrovertiert, der abgeklärte Reisende, der schon alles gesehen und alles gemacht hat. Er ist die Sonne für Ihren Mond, der fröhliche Sir Gawain für Ihren verdrießlichen Sir Parzival.

Wie bei allen Heldenfahrten wird die Schwelle zum Reich Verstärkter Macht von grimmigen Kräften bewacht. Für Sie sind die Wächter am Tor die weiß maskierten Sturmtruppen des Imperiums, die auf Sie schießen und versuchen, den Falken am Start zu hindern. Sie heben ab, nur um festzustellen, daß über dem Planeten imperiale Kreuzer lauern. Aber das sind keine Gegner für die wilden und verrückten Flugmanöver von Han Solo, der trotz minimaler Erfolgschancen weiter eine fröhliche Unbekümmertheit an den Tag legt, frei nach dem Motto: Nach mir die Sintflut. Diese innere Einstellung narrt und verwirrt die sturen und gesichtslosen Truppen, welche die Schwelle zum Weltraum bewachen, mindestens ebensosehr wie Han Solos glänzende fliegerische Fähigkeiten.

Dank überlegener Feuerkraft gelingt es Ihnen, die Wächter abzuschütteln, und am Ende überqueren Sie die Schwelle durch einen Sprung in den Hyperraum. Abermillionen von Sternen schwirren vorbei, als Sie in einen anderen Teil der Galaxis geschleudert werden.

* * *

Der Schwellenwächter ist ein Ungeheuer, das den Durchgang zu der bedeutenderen Realität bewacht, nach der wir streben. In praktisch allen Mythen muß man sich als schneller, klüger und erfindungsreicher erweisen als der Wächter, um das Tor sicher passieren zu können.

Der Wächter ist ein Geschöpf mit festen Gewohnheiten und Einstellungen. Er hat beschränkte, engstirnige Ansichten, was seinen Platz in der Welt betrifft, und ist kaum zum Nachgeben zu bewegen. Es versperrt uns den Weg, indem er uns in eine stumpfsinnige Version seiner selbst verandelt, uns das moralische und geistige Rückgrat bricht oder uns gar vollständig verschlingt.

Der vielleicht berühmteste Schwellenwächter ist der Zyklop in Homers *Odyssee*. Der grausame Riese verspeist sechs von Odysseus' Männern zum Abendbrot und wird erst bezwungen, als Odysseus seinen Verstand benutzt, ihn betrunken macht und ihm anschließend sein einziges Auge mit einem zugespitzten Pfahl aussticht. Danach gelingt Odysseus mit den ihm verbliebenen Männern die Flucht, indem sie sich unter den Bäuchen der Widder des Monsters festklammern, als diese die Höhle verlassen, um zu weiden.

In unserem eigenen Leben kann der Wächter sich in Gestalt des Chefs, der Kirchenoberen, unserer Eltern, unseres Platzes in der Gesellschaft oder sogar in Form abgedroschener Gewohnheiten zeigen. In seiner subtilsten und raffiniertesten Gestalt erscheint er als typische Stimmung oder emotionale Eigenschaft, die unser Bewußtsein beeinflußt und uns den Zugang zu einer breiteren Palette emotionaler Möglichkeiten versperrt.

Wie oft im Leben wurden wir vom Ungeheuer der Melancholie, vom Dämon des Zweifels, vom finsteren Engel der Apathie

Begeisterung für das Mögliche

beherrscht? Der Schwellenwächter liefert das großartige Versuchsfeld für unseren Charakter und für das, was aus uns noch werden könnte.

Wir wollen nun in der Praxis ausprobieren, wie man diese Wächter besiegt, und uns dabei einer ganz und gar prosaischen Übung bedienen.

Errichten Sie irgendwo mitten auf dem Fußboden eine Schwelle. Stellen Sie beispielsweise in bestimmten Abständen kleine Kerzen auf oder legen Sie einen Schal oder ein Stück Schnur auf den Boden – es bleibt Ihnen überlassen, wie Sie die Trennlinie zwischen dem Hier und dem großartigeren Dort markieren.

Suchen Sie nun stellvertretend für die wichtigsten Schwellenwächter Ihres früheren oder gegenwärtigen Lebens mehrere Gegenstände aus. Sie können beispielsweise entlang der Linie Fotografien von Menschen auslegen, von denen Sie glauben, daß sie der Entfaltung Ihrer Möglichkeiten im Wege gestanden haben. Oder das Symbol einer Institution, die Ihr Potential einengt und Ihre geistige Entfaltung hemmt. Zigaretten, Schokoladentorte oder andere Dinge, die Gewohnheiten oder Süchte symbolisieren, die Sie am Vorwärtskommen hindern.

Gehen Sie jetzt auf die Schwelle zu und nähern Sie sich einem der Wächter Ihrer Pforte. Schöpfen Sie aus dem Han-Solo Aspekt Ihres Wesens, so daß Sie, wie grimmig dieser spezielle Wächter Ihnen auch erscheinen mag, niemals Ihren humorvollen Schwung verlieren.

Sprechen Sie in großspurigem, scherzhaftem Ton mit dem Wächter. Verwickeln Sie ihn in eine geistreiche, humorvolle Unterhaltung. Begegnen Sie ihm so, wie er Sie noch niemals zuvor erlebt hat. Tanzen Sie, erzählen Sie Witze, machen Sie sich über ihn lustig. Sagen Sie ihm, warum Sie viel interessanter sind als er. Sagen Sie ihm, daß Sie auf jeden Fall durchgehen werden.

Wenn Sie spüren, daß die Macht dieses Wächters schwindet, überschreiten Sie die Schwelle. Kehren Sie anschließend zurück, um sich einen anderen Wächter vorzunehmen.

Für den nächsten Wächter müssen Sie vielleicht auf ähnliche Fertigkeiten zurückgreifen oder sich völlig anders verhalten. Vielleicht brauchen Sie ihn bloß so lange anzustarren, bis er aufgibt. Sagen Sie ihm, was für ein Trottel er ist. Halten Sie ihm einen Vortrag darüber, daß er das Zeug zu Größerem hat. Machen Sie ihn sich zum Verbündeten.

Kehren Sie erneut über die Schwelle zurück und wiederholen Sie den Vorgang, so oft Sie müssen.

Wenn Sie es endgültig über die Schwelle geschafft haben, feiern Sie den Übergang und tun Sie irgend etwas Verrücktes, würdig eines Han Solo. Schlagen Sie einen Purzelbaum. Stellen Sie ein Schild auf: »Gut für dich!« Geben Sie für sich selbst eine Party und laden Sie die geistigen Bundesgenossen Ihrer Innenwelt ein. Machen Sie ihnen mit kleinen Leckereien, Dankesgeschenken und Tanzen eine Freude.

Die Feier Ihres Eintritts ins Reich Verstärkter Macht garantiert, daß Ihr Übergang sich nicht unbemerkt von Ihrem Bewußtsein vollzieht.

* * *

Nachdem Sie die Schwelle zum Weltraum einmal hinter sich haben, werden Sie als Luke von Obi-Wan Kenobi gegen ein automatisiertes Ziel im Gebrauch des Laserschwertes unterwiesen. Anfangs versuchen Sie, die Bewegungen des Ziels bewußt vorauszuberechnen, aber der Erfolg ist bescheiden. Das Ziel ist einfach zu schnell und zu verschlagen.

Kenobi sagt Ihnen, daß Sie nur gewinnen können, wenn Sie die Macht benutzen, das universelle Energiefeld, das alle Dinge durchströmt, eine prickelnde Lebendigkeit, die Sie mit allem Lebendigen verbindet. Wenn diese Macht unmittelbar erfahren wird, verschafft sie Ihnen Zugang zu einer ganzen Reihe neuer Möglichkeiten. Zur Demonstration schiebt Kenobi das Visier Ihres Helms nach unten, so daß Sie das Ziel nicht mehr erkennen können.

Zuerst sind Sie skeptisch. »Wie soll ich da kämpfen?« fragen Sie verwirrt.

»Die Augen können dich täuschen. Traue ihnen nicht. Laß dich von deinen Gefühlen leiten«, rät Kenobi Ihnen.
Allmählich bemächtigt sich Ihrer ein Zustand tiefer Entspannung. Ihr normales Denken ist ausgeschaltet. Sie sind frei, nicht nur im Geiste, sondern auf einem umfassenderen Feld des Seins. Sie wissen, wo alles sich befindet und was es ist, denn alles ist ein Teil von Ihnen.
Das Ziel nähert sich. Mit außerordentlicher Schnelligkeit parieren Sie einen Schlag und landen einen Treffer. Sie stellen fest, daß Sie Fertigkeiten jenseits Ihrer Sinne genutzt haben – Kräfte, die man Ihren übrigen Willen nennen könnte. Bislang versteckte innere Fähigkeiten sind aus dem Verborgenen zum Leben erwacht.
Im Innern des riesigen Komplexes der Millennium Falcon haben höhere Kräfte in Ihnen zu reifen begonnen.

* * *

In dieser Episode beginnt für Luke das Stadium seiner Heldenfahrt, das traditionell der Bauch des Wals genannt wird. Es handelt sich um eine Lehrzeit, während derer man sich von einem mutterschoßähnlichen Ort verschlungen oder dort festgehalten wiederfindet, um seine Absichten und eigenen Stärken zu überdenken.

Jonas im Wal, Hiawatha, verschlungen von Mishe-Nahma, dem König der Fische, Rotkäppchen im Magen des Wolfs, Jesus in dem Grab, aus dem er auferstehen wird, Osiris, in einem Sarkophag versiegelt und in den Nil geworfen – der Bauch der Reifung ist der Ort, an dem wir auf subtile Fähigkeiten zurückgreifen, die uns körperlich und geistig erneuern.

Wir alle erleben den Bauch des Wals auf unserer Lebensreise in unterschiedlicher Gestalt. Für manche kann er eine Zeit häuslich zurückgezogenen Lebens sein, wenn wir unsere Kinder großziehen oder uns der Pflege eines kranken oder alten Familienmitglieds widmen. Für andere kann er eine Phase der Abgeschiedenheit bedeuten, wenn Freunde und Familie beschäftigt, von anderen Dingen in Anspruch genommen oder sonstwie nicht verfügbar sind. Er kann sich auch als Zeit geistigen Rückzugs oder intensiver psychologischer Arbeit manifestieren, wenn unser Augenmerk ganz auf Vorgänge im eigenen Innern gerichtet ist.

In welcher Form er sich auch offenbart, jedenfalls ist der Bauch des Wals eine entscheidende Lebensphase, in der wir erkennen, daß wir uns weiterentwickeln oder sterben müssen. Wenn wir diese Zeit der Entwicklung ignorieren oder ihr aus dem Weg gehen, stürzen wir möglicherweise in tiefe Depression oder enden in giftigen Selbstzweifeln. Wenn wir sie bejahen, dann ist unsere Zeit im Bauch eine Phase, in welcher wir in uns gehen, Bilanz ziehen und uns einer inneren Macht bewußt werden, die unser Leben mit dem Großartigen Leben verbindet.

Wir verabschieden uns von manchen Gewohnheiten und Zuständen, sogar von dem, was uns gewöhnlich auszeichnet, und erklären uns mit einem Bewußtseinswandel einverstanden. Am Ende betrachten wir unser früheres Leben vielleicht als eine Art Fötus, der im Schoß der Vorbereitungszeit heranreift, um in ein reicheres Leben hineingeboren zu werden.

Im folgenden finden Sie eine nüchterne Methode, einen solchen Bewußtseinswandel zu praktizieren. Luke Skywalker mußte auf tatsächliches Sehen verzichten, um zu lernen, seine inwendige Macht zu erleben. Sie selber könnten eine ähnliche Technik ausprobieren.

Suchen Sie sich einen Ort, an dem Sie sich der Natur gefahrlos nähern können – einen Garten oder einen baumbestandenen Park. Sie können diese Übung auch drinnen versuchen, aber wählen Sie einen Raum, in dem sich Pflanzen oder andere natürliche Objekte befinden.

Gehen Sie mit geschlossenen oder tatsächlich verbundenen Augen in dem Raum umher und strengen Sie Ihre Sinne an, um die Formen und Objekte Ihrer Umgebung zu spüren.

Anfangs stoßen Sie vielleicht gegen Dinge. Wenn das geschieht, verharren Sie bewegungs- und gedankenlos. Strecken Sie die Hände mit den Handflächen zueinander aus, etwa anderthalb Zentimeter auseinander. Spüren Sie den Fluß des Lebens zwischen den Handflächen.

Mit Ihrem verstärkten Gefühl für die Macht bewegen Sie sich weiter durch den Raum, wobei Sie Ihre Gefühlssinne anspannen, um die lebendige Energie zu spüren, die in und zwischen allen Objekten fließt. Versuchen Sie Begrenzungen und Kanten intuitiv zu erfassen und halten Sie an, bevor Sie tatsächlich in Gegenstände hineinlaufen.

Empfinden Sie sich selber als Teil des lebendigen Flusses vitalen Lebens, der zwischen Ihnen und dem Baum oder dem Felsen oder der Pflanze, zwischen Ihnen und dem Bücherregal oder dem Stuhl existiert.

Öffnen Sie anschließend die Augen und bewegen Sie sich sehenden Auges durch denselben Raum. Versuchen Sie sich dabei dasselbe Gespür für den Fluß der Lebenskraft zwischen Ihnen und den Objekten in dem Raum zu bewahren. Schließen Sie die Augen erneut und bewegen Sie sich wieder blind. Wechseln Sie so lange zwischen Sehen und Nichtsehen, bis Sie ein dauerhaftes Gespür für den lebendigen Strom der Energien des Lebens besitzen.

Versuchen Sie anschließend, diese Macht auch in Ihrem Alltagsleben zu verspüren. Werden Sie sich ihrer beim Busfahren bewußt, beim Abendessen mit der Familie oder gar in der Kirche. Auf diese Weise erkennen und empfinden Sie das Gewöhnliche am Ende vielleicht als das, was es ist – eine Manifestation des außergewöhnlichen Lebens, das alle Dinge durchströmt.

* * *

Die Szenerie wechselt zum Todesstern, wo Prinzessin Leia entsetzt mit ansieht, wie Darth Vader und sein Günstling, Gouverneur Tarkin, ihren Heimatplaneten Alderaan zerstören, weil sie den wahren Standort des Rebellenstützpunkts nicht preisgeben will.

Bei der Ankunft in dem Gebiet, wo einmal Alderaan war, finden Sie sich mit den anderen Reisenden der Millennium Falcon in einem Meer von Felsen wieder, den Trümmern des zerstörten Planeten.

Ihr Raumschiff wird von einem magnetischen Fangstrahl erfaßt, der Sie in etwas saugt, das wie ein Mond aussieht, sich jedoch als der gewaltige mechanische Todesstern entpuppt, die Operationszentrale des Imperiums.

Nun beginnt ernstlich die Straße der Prüfungen. Kenobi läßt Sie mit Han zurück und geht allein weg, um zu versuchen, den Fangstrahl lahmzulegen, damit Sie wegkommen. Als R2-D2 sich an den Hauptrechner anschließt, entdeckt er, daß Prinzessin Leia im Inhaftierungsblock des Imperiums festgehalten wird und hingerichtet werden soll. Mit einen widerwilligen Solo im Schlepptau machen Sie sich auf, die Prinzessin zu retten.

Im Gegensatz zu den typischen Prinzessinnen aus Märchen ist Leia quicklebendig, selbstsüchtig und auf leichtfertige Art furchtlos. Als die imperialen Sturmtruppen auf die Rettungsaktion aufmerksam werden, führt die Prinzessin Han und Sie eine Rutsche hinunter in eine Müllpresse, einen grauenerregenden Ort, wo Sie von einer riesigen Kreatur unter die Oberfläche einer übelriechenden Brühe gezogen werden. Kurz vor dem Ertrinken tauchen Sie im letzten Moment wieder auf, als plötzlich die Wände der Presse anfangen, bedrohlich nahe zu kommen. Auf der Straße der Prüfungen wimmelt es stets von Beinahe-Todes-Erlebnissen.

Sie werden deshalb nicht zerquetscht, weil C-3PO R2-D2 dazu bringt, sämtliche Pressen abzuschalten. R2-D2 öffnet die Ausstiegsluke, und Sie sind frei, bloß um festzustellen, daß Sie sich Ihren Weg an Legionen von Sturmtruppmännern vorbei freikämpfen müssen. Sie vollbringen wahre Heldentaten. So schwingen Sie sich unter anderem mit der Prinzessin im Arm an einem Seil über einen riesigen Abgrund, um sich in Sicherheit zu bringen.

Als Sie sich dem Schiff nähern, sind Sie vom Anblick Obi-Wan Kenobis gebannt, der, nachdem er den magnetischen Fangstrahl lahmgelegt hat, in einen tödlichen Kampf mit seinem ehemaligen Schüler Darth Vader verwickelt ist, dessen Waffe ebenfalls ein Laserschwert ist.

Als Kenobi sieht, daß Sie und Ihre Freunde außer Gefahr sind, läßt er Vader eine letzte Warnung zukommen: »Du kannst nicht gewinnen, Darth. Wenn du mich schlägst, werde ich mächtiger werden, als du es dir auch nur entfernt vorstellen kannst.«

Mit einem schwachen Lächeln hebt Kenobi sein Laserschwert zum Gruß, und sein Körper entschwindet, eine halbe Sekunde bevor Vader durch sein leeres Gewand schneidet. Solchermaßen betritt Kenobi absichtlich eine erweiterte Realität, von der aus er in der Lage ist, Ihnen geistigen Rat zu geben.

Dieser Rat wird Ihnen bei Ihrer letzten Prüfung äußerst nützlich sein. Nachdem Sie eine rasante Weltraumschlacht gewonnen und die Prinzessin mitsamt den Geheimplänen bei den Rebellentruppen abgeliefert haben, legen Sie eine Fliegerkombi an, um am Sturmangriff der Rebellen auf den Todesstern teilzunehmen. Die Erfolgsaussichten sind gleich Null – die geballte Stärke des Imperiums, aufgefahren gegen ein paar tapfere Piloten. Han Solo hat Sie mit der Weigerung, sich an der Entscheidungsschlacht zu beteiligen, enttäuscht.

Es scheint keine Hoffnung auf Sieg zu geben. Die Schiffe der Rebellen werden eines nach dem anderen von den allgegenwärtigen Jägern des Imperiums vom Himmel geschossen. Am Schluß jagen Sie ganz allein den engen Graben hinunter, der zu Ihrem winzigen Ziel führt, der einzigen Hoffnung auf Zerstörung des Todesterns. Darth Vader ist Ihnen hart auf den Fersen. Ihre Geleitschiffe drehen ab, aber Vaders Schiff sitzt Ihnen weiter im Nacken.

Sie schalten Ihren Zielcomputer ein und bereiten sich auf Ihren letzten Anflug vor. Plötzlich hören Sie eine Stimme. Kein Zweifel, es ist die Stimme von Obi-Wan Kenobi, der Ihnen sagt: »Vertraue der Macht, Luke. Gib dich der Macht hin. Vertraue mir.« Sie schieben den Zielerfassungsschirm beiseite, überlassen sich dem Strom der Macht und betätigen die Schalter instinktiv.

Als Sie dem Ziel ganz nahe kommen, erfaßt Darth Vader Sie in seinem Visier. Es sieht so aus, als seien Sie erledigt, aber vom Himmel naht Rettung. Es ist Han Solo, der Vader aus Ihrem Rücken wegfegt und Ihnen Zeit gibt, Ihren Schuß abzufeuern. Und schon jagt der Torpedo durch die Röhre.

»Toller Schuß, Junge. Ein Millionentreffer«, jubelt Solo.

Der Weltraum füllt sich mit Einzelteilen, als der Todesstern in einer spektakulären Feuersbrunst des Bösen explodiert.

Für den Augenblick sind Sie am Ende Ihrer Straße der Prüfungen angelangt.

* * *

In der gesamten Weltliteratur verschafft die Straße der Prüfungen dem Autor reichlich Gelegenheit, haarsträubende Torturen und wundersame Aufgaben zu ersinnen. Held oder Heldin betreten eine grenzenlose, ungewisse Landschaft – Wüste, Wildnis, Meer oder Weltraum –, die vielleicht symbolisch ist für das Entsetzen, das uns angesichts unserer eigenen unbekannten und unerforschten Regionen beschleicht.

Man wird mit einer Serie von Herausforderungen konfrontiert, auf die man nur unzureichend vorbereitet worden ist. Doch irgendwie mobilisiert man die physischen, mentalen, emotionalen und geistigen Ressourcen, um nicht nur zu überleben, sondern um sogar zu triumphieren.

Eines der berühmtesten klassischen Beispiele für dieses Stadium der Reise ist die Geschichte von Psyche. Ihre eifersüchtige Schwiegermutter Venus stellt ihr eine Reihe unmöglich zu lösender Aufgaben. In einer muß Psyche bis zum Einbruch der Nacht eine riesige Menge verschiedener Samen, die auf einem Haufen durcheinandergemischt sind, auseinandersortieren. In anderen muß sie die goldene Wolle mörderischer Widder sammeln, an einer von Drachen bewachten Quelle hoch oben auf einem Berg Wasser abfüllen und in die Unterwelt hinabsteigen, um mit einer Schachtel voll ewiger Schönheit zurückzukehren.

Um all diese Aufgaben zu bewältigen, wird Psyche Hilfe von Aspekten ihrer Persönlichkeit zuteil, die in mythischer Manier als äußere Helfer beschrieben werden. Eine Armee von Ameisen, die den Instinkt repräsentieren, hilft ihr beim Aussortieren der Samen. Eine grüne Rohrflöte, die Repräsentantin des Unbewußten, weist sie an, die Wolle nachts von Büschen zu sammeln, in deren Nähe die Widder gegrast haben. Ein Adler, der Psyches geistige Kräfte repräsentiert, bringt ihr Wasser von der Quelle. Und ein Turm als Stellvertreter der gesammelten Weisheit der Menschheit rät ihr, wie sie sicher in die Unterwelt gelangt und heil wieder herauskommt.

In einer Welt, in der hinter jeder Ecke das Unerwartete lauert – Krankheit, Scheidung, Rationalisierung in Unternehmen, die unvermeidbaren Belastungen des modernen Lebens –, ist die Straße der Prüfungen ein unvermeidbarer Teil unserer Lebensreise.

Entsprechend vorbereitet, können wir solchen Herausforderungen als Abenteuer begegnen, nicht als tödlichen Verletzungen. Wenn wir dazu imstande sind, begeben wir uns aufs neue mit heldenhafter Gesinnung in Situationen, die vielleicht weniger dramatisch, aber um keinen Deut weniger kritisch sind als die, mit denen Luke Skywalker fertigwerden muß.

In vielen Mythen lautet die Lehre der Straße der Prüfungen, daß Sie im Innern über Kräfte verfügen, die Ihnen gestatten, sich Prüfungen und Herausforderungen gewachsen zu fühlen, wie schwierig sie auch sein mögen. Diesen Kräften zu vertrauen ist der Schlüssel.

Um diese Fertigkeit zu üben, wollen wir sehen, was wir aus den vier Arbeiten Psyches lernen können, repräsentieren sie doch in symbolischer Form die Hauptaufgaben unseres Lebens. Diese Prüfungen mit Hilfe der Imaginationskraft zu bestehen könnte die Energie erzeugen, die Ihnen später erlaubt, im alltäglichen Leben ebenso heldenhaft zu agieren.

Die erste Herausforderung besteht im Sortieren der Samen. Auf unser Leben bezogen, könnte dies bedeuten, die verworrenen Einzelheiten des gewöhnlichen Lebens zu regeln. Möglich, daß dazu auch die Anlage von Listen gehört, auf denen Sie die zu erledigenden Aufgaben notieren. Es kann aber auch bedeuten, daß Sie Ihren Schreibtisch oder Wandschrank aufräumen, Ihr Girokonto ausgleichen, Steuern bezahlen, Briefe beantworten oder gar neue Prioritäten setzen sollen, die Ihnen ermöglichen, sich ganz stillem Nachdenken, geistiger Versenkung oder unterhaltenden Dingen zu widmen.

Überlegen Sie sich zum Zweck dieser Übung, was zu regeln oder zu ordnen Ihnen notwendig erscheint. Stellen Sie sich in Ihrer Phantasie vor, wie Sie diese Aufgabe tatsächlich erledigen. Gehen Sie die Bewegungen probehalber körperlich durch, so daß sich Ihnen das Schema einprägt.

Nehmen Sie sich anschließend Zeit, die Aufgabe wirklich auszuführen. Betrachten Sie Ihre Arbeit als heldenhafte Übung – als Abenteuer auf der Straße der Prüfungen – und feiern Sie die erfolgreiche Erledigung.

Als zweites soll Psyche das Goldene Vlies herbeischaffen. Sie könnten sich unter dem Goldenen Vlies Ihre berufliche Laufbahn oder die Art von Beschäftigung vorstellen, die Ihnen den Reichtum beschert, der Ihnen zusteht, ganz gleich, worum es sich handelt.

Bei dieser Arbeit haben Sie die Aufgabe, Ihre Intuition zu gebrauchen, Ihre grüne Rohrflöte ins Unbewußte, um einen Weg zu finden, aus Ihrem Job das zu machen, was Buddhisten »richtiges Auskommen« nennen – eine Möglichkeit, seinen Lebensunterhalt zu verdienen, die zur eigenen wie zur geistigen und sozialen Evolution der Welt beiträgt.

Betrachten Sie Ihren Arbeitsplatz, ganz gleich ob er sich zu Hause, in einem Büro oder in einer Schule befindet, als Ihr Goldenes Vlies. Werfen Sie von weitem einen Blick darauf, als befinde er sich auf dem gegenüberliegenden Ufer eines Flusses. Betrachten Sie ihn im hellen Tageslicht des Bewußtseins und achten Sie sowohl auf all seine Fehler und Gefahren als auch auf seine Vorteile und Möglichkeiten.

Während Sie der Rohrflöte Ihrer eigenen intuitiven Weisheit lauschen, werfen Sie einen weiteren Blick auf Ihren Arbeitsplatz, als könnten Sie im Dunkel des Mondes erkennen, was daran wirklich wertvoll ist, was aber in Ihrem Denken bislang keinen Platz fand.

Fragen Sie sich selbst: Wem ist mit meiner Arbeit gedient oder geholfen? Wie könnte ich sie perfektionieren und noch nutzbringender einsetzen? Was müßte ich tun, damit meine Arbeit mir zur Freude und zum Vergnügen gereicht, statt mir nur lästige Pflicht zu sein?

Notieren Sie sich, was die Rohrflöte der Intuition Ihnen erzählt.

Vielleicht erkennen Sie am Ende, daß Sie engeren persönlichen Kontakt zu Ihren Mitarbeitern herstellen oder neuen Beschäftigten Hilfe und emotionale Unterstützung anbieten sollten. Vielleicht sehen Sie neue Möglichkeiten für Projekte, neue Wege, in die Gemeinschaft hinein zu wirken, neue Wege, Ihre Arbeit zum Spiegel Ihrer Wertvorstellungen zu machen.

Welche Ideen auch immer Sie empfangen, unternehmen Sie bewußte und heldenhafte Anstrengungen zu ihrer Umsetzung.

Psyches dritte Aufgabe besteht darin, die Wasser des Lebens zu holen. Wir könnten uns die Wasser des Lebens als Symbol größerer Vitalität und Energie bei allen zu bewältigenden Aufgaben vorstellen. Immer mehr Menschen begreifen allmählich, daß die spirituellen Traditionen der Welt – wie Psyches Adler – viele Zugangsweisen zu den vitalen Energien des Geist-Körper-Systems lehren. Eine der wirkungsvollsten ist Visualisierung und konzentriertes Atmen.

Konzentrieren Sie sich anfangs auf den Ausgangspunkt Ihres Rückrats und spüren Sie, wie Sie von dort aus am Rückrat entlang bis zur Spitze des Kopfes tief einatmen. Wenn Sie auf dem Kopf angekommen sind, atmen Sie weiter ein und stellen Sie sich dabei vor, über Ihrem Kopf schwebe ein Becken, das die stärkenden Wasser des Lebens enthält. Fangen Sie diese Wasser mit Ihrem Atem auf.

Spüren Sie nun, wie die Wasser des Lebens beim Ausatmen vorn an Ihrem Körpers herabfließen, wie sie jeden Nerv und jede Sehne, jeden Winkel und jede Ritze, jede Zelle und jedes Organ waschen und ausfüllen und dabei Ihre Lebensgeister wiederherstellen und mit neuer Energie erfüllen.

Wiederholen Sie den Vorgang, wobei Sie wieder vom Rückrat hoch einatmen und aus den Wassern Ihres Lebens schöpfen. Pumpen Sie diese Wasser vorn beim Ausatmen in Ihren Körper, der in diesem Stadium das Vehikel Ihrer Seele und Ihres Geistes ist.

Setzen Sie dieses Ein- und Ausatmen als konzentrierte Meditation etwa zehn Minuten lang fort. Atmen Sie bewußt ein, achten Sie darauf, wie Sie aus den Wassern des Lebens schöpfen und wie diese mit jedem Ausatmen durch das Geist-Körper-System aufgesogen werden.

Verfallen Sie in keinen Automatismus. Konzentration und Bewußtsein sind alles.

Nach zehn Minuten strecken Sie sich, laufen Sie ein bißchen herum und schauen Sie, ob Sie sich vielleicht um einiges vitaler und lebendiger fühlen.

Psyches vierte Aufgabe ist der Abstieg in die Unterwelt. Für uns könnte die Unterwelt die schwierige innere Zeit repräsentieren, die wir zur Erledigung unserer geistigen und psychologischen menschlichen Hausaufgaben benötigen.

In Psyches Geschichte warnt der Turm, der die kollektive kulturelle und zivilisatorische Weisheit repräsentiert, sie davor, ihre permanente Verfügbarkeit für andere einzuschränken. In unserem Leben müssen wir vielleicht üben, nein zu den Wünschen anderer zu sagen, um uns selber Zeit und Raum zu geben, unsere innere Arbeit zu erledigen – uns in unsere Unterwelt zu vertiefen und ihre Schätze zutage zu fördern.

Dieser Abschnitt der Straße der Prüfungen stellt uns vor eine der schwierigsten Herausforderungen. Wenn wir uns mit ganzer Kraft auf äußere Aufgaben und Sorgen stürzen, bleibt uns wenig Zeit, in die Innenwelten von Psyche und Geist hinabzutauchen und dort Wellen zu schlagen.

Ein Weg zur Bewältigung dieser Aufgaben ist ein Abkommen mit sich selber. Nehmen Sie sich einen wunderschönen Bogen Papier und fixieren Sie tatsächlich ein schriftliches Abkommen. Sie könnten beispielsweise schreiben:

»Ich, (Name), verspreche meinem Höheren Ich feierlich, (unausgefüllt) Minuten täglich auf einer tieferen Ebene als der meiner gewöhnlichen Welt und meines normalen Bewußtseins zu leben und dort der Übung und Entwicklung meiner verborgensten Schönheit Zeit und Raum zu gewähren.«

* * *

Als Luke wissen Sie jetzt, daß Ihr Höherer Hüter, Obi-Wan Kenobi, immer bei Ihnen sein wird. Nun müssen Sie nur noch in den innersten Teil des mythologischen Reichs vordringen, wo Sie der Göttin oder der himmlischen Partnerin begegnen und den Segen, die Einsicht oder die Erkenntnis empfangen werden, die notwendig sind, damit Sie Ihr Wissen mit zurück in die Welt nehmen können.

In Krieg der Sterne stellt sich die Erkenntnis für Sie auf herrliche Weise ein. Inmitten der grünen Bäume eines blühenden Planeten betreten Sie, Han und Chewie das geistige Zentrum der Rebellen-Allianz. Die Steinmauern sind mit üppigen Weinreben geschmückt, ein Hinweis darauf, daß Sie die grüne Welt betreten haben, welche die graue Ödnis des Imperiums ablösen wird, denn seien Sie gewiß, Ihre Abenteuer werden weitergehen.

Hier jedoch haben Sie eine Ruhepause. Voller Stolz und Größe schreiten Sie an den Beifall klatschenden Bürgern der Allianz vorbei nach vorn, um der Göttin in Gestalt der allerstrahlendsten Prinzessin Leia zu begegnen. Hinter ihr erhebt sich eine leuchtende Art-déco-Kathedrale aus Licht.

Leia erweist Ihnen und Ihren Kameraden mit Ehrenmedaillen, die sie Ihnen um den Hals hängt, eine große Gunst. Als Sie die Prinzessin anschauen, wissen Sie, daß Sie Ihrer himmlischen Partnerin begegnet sind. Eigentlich ist Sie, wie Sie feststellen werden, Ihre Zwillingsschwester. Neben Ihnen steht Han Solo und zwinkert Leia zu, woraufhin Sie intuitiv begreifen, daß die beiden eines Tages ein irdisches Paar sein werden.

Aber fürs erste haben Sie in diesem übernatürlichen, göttlichen Augenblick gezeigt, was in Ihnen steckt, nämlich ein sehr viel großartigeres Wesen als der Junge, der Sie zu Beginn dieser Reise waren. Jeder erkennt es, und, was noch wichtiger ist, Sie selber wissen es auch.

Schließlich werden Sie und Ihre Freunde zurückkehren, um weitere Schlachten zu schlagen. Sie werden vom großen Lehrer der Jedi, dem Elfenmeister Yoda, höhere Schulung erhalten, neue Verbündete kennenlernen und sogar Ihrem menschlichen Vater Darth Vader das Licht der Güte zurückgeben.

Indem Sie aus dem, was seine Finsternis war, das Licht zum Vorschein bringen, werden Sie zum Herrn Zweier Welten – dem mythischen Reich der Macht und dem gewöhnlichen Reich von Raum und Zeit. Sie werden eine Kraft für die Macht sein und in einer weit, weit entfernten Galaxis einstigen und künftigen längst vergangenen Epochen die uralte Weisheit zurückbringen.

* * *

Jetzt ist Zeit zum Feiern. Die Reise wurde unternommen, die Hindernisse sind überwunden, Ihr Wissen und die Bereitwilligkeit zu dienen haben Sie zum Tempel des Herzens gebracht, dem Ort, von dem aus Ihre Welt zu grünen beginnen wird.

Aber zuerst müssen Sie den Einen anerkennen, der als der Geliebte oder Himmlische Partner bekannt ist, und Ihrerseits von ihm anerkannt werden. Dieses herrliche Wesen ist Ihre in der Tiefenwelt weilende andere Hälfte, das Himmlische Ich, dessen Gabe der vollen Erkenntnis Sie nun fähig und willens sind, zu empfangen.

Wenn bekannt ist, wer und was Sie sind, werden Sie in der Lage sein, andere zu erkennen und das Himmlische Ich in ihnen zu sehen.

Spüren Sie nun mittels der Macht, die Sie heftig durchströmt, den Göttlichen Anderen. Gehen Sie abends oder am frühen Morgen, wenn die Venus hell am Himmel steht, ins Freie, nehmen Sie diesen Planeten als Symbol des Geliebten und sprechen Sie Worte wie diese:

»Von diesem Moment an bin ich immer bei dir. Von diesem Moment an bin ich in der menschlichen Sphäre dein Partner. Von diesem Moment an will ich dich, meinen Geliebten, und deine Lebensweise ins Diesseits bringen. Ich weiß, du wirst in meinem Geist das Feuer entfachen und mich in der Liebe baden, die jedes Verstehen übersteigt. So wie es am Anfang war, werden jetzt und immerdar Liebe und Leben ohne Ende sein.«

Weil Sie so viel empfangen haben, besitzen Sie nun die Gabe zu geben. Vielleicht sollten Sie eine Party für Freunde geben, denen Sie Ihre Annerkennung zeigen und die Sie innerlich aufbauen möchten. Preisen Sie jeden Gast auf dieser Party öffentlich und sprechen Sie aus der Weisheit Ihres Herzens heraus mit Überzeugungskraft zu jedem über seine wahren Werte und Qualitäten. Halten Sie sich nicht mit negativen Dingen auf, preisen Sie statt dessen die Entwicklung des anderen und seine eigene einzigartige Seelenreise.

Machen Sie es wie der Zauberer am Ende der Geschichte von Oz und überreichen Sie jedem ein kleines Geschenk, das auf irgendeine Weise symbolisiert, wie tief Sie ihn verstehen und anerkennen.

Jemandem, der eine Krankheit überwunden hat, könnten Sie beispielsweise einen Gutschein für eine Massage oder einen kostenlosen Besuch im Fitness-Center schenken. Überreichen Sie einem anderen, der ein neues Haus gekauft hat, ein Miniaturhaus, das jeder Anwesende segnet. Schenken Sie jemandem, der eine neue Liebesbeziehung begonnen hat, als Symbol der gemeinsamen Bande einen gewebten Schal. Und schenken Sie jemandem, der gerade einen neuen Anfang macht, als Symbol für die Freiheit, sein Leben neu zu gestalten, einen Klumpen Lehm. Sorgen Sie für Musik und jede Menge gutes Essen.

* * *

Der innere Freund fordert Sie nun auf, zurückzutreten und sich anzusehen, wohin Sie in der Person von Luke gereist sind. Sie haben die Gefahren des Heranwachsens überwunden und das Erwachsenenalter erreicht. Sie haben gezeigt, wozu Sie fähig sind, und sind in Wahrheit ein Jedi geworden wie Ihr Vater. Sie haben sich den gewaltigen Herausforderungen auf der Straße der Prüfungen gestellt und den Gebrauch Ihres ganzen Verstandes entdeckt, die Weite Ihres Herzens, Freundschaft und Mitgefühl sowie den Mut, der daraus erwächst, daß man Risiken eingeht und Herausforderungen annimmt.

Auch über den Geist der Gemeinschaft haben Sie etwas gelernt und darüber, daß der kleinen, entschlossenen Schar fast nichts unmöglich ist. »Zweifeln Sie nie daran«, sagte die strenge Jedi-Meisterin Margaret

Mead, »daß eine kleine Gruppe wacher, engagierter Bürger die Welt verändern kann. Tatsächlich hat niemand sonst es jemals getan.«
Schließlich haben Sie von der Macht erfahren, der heiligen Kraft, die in jedem von uns schlummert.
Sie sind als mythisches Wesen zurückgekehrt und haben nun, wie Luke, die Chance, die Einöde Ihres eigenen speziellen Imperiums mit Ihrem neugefundenen Wissen zu begrünen.

* * *

Jetzt sind Sie soweit, daß Reich der Mythen zu verlassen, und Sie tun es auch, indem Sie die Tür mit den vielen hineingeschnitzten Symbolen und Geschichten durchschreiten.

Während Sie raschen Schritts den gewundenen Pfad im Innern des Berges hinaufsteigen, werfen Sie einen kurzen Blick auf die Spiegeltür zum Reich der Psyche. Wie interessant! In schimmerndes Licht getaucht, spiegeln sich in ihr die Droiden, Han und Chewie, Leia und sogar Ihr geheilter Vater Yoda und Obi-Wan Kenobi. Alle winken Ihnen zu, und Sie winken und grüßen zum Abschied.

Als Sie emporsteigen, passieren Sie die prächtige Tür zum Reich der Sinne. Eine ausgestreckte Hand reicht Ihnen einen köstlichen reifen Apfel, Symbol des neuen Wissens, das Sie erlangt haben.

Oben angelangt, klettern Sie schließlich ins Freie. Beim Marsch bergab werden Sie sich Ihrer neuen Kräfte und Gaben bewußt, die Sie auf Ihrer heldenhaften Reise erworben haben.

Möge die Macht immer mit Ihnen sein!

Die geistige Suche

> Darum: im Einen nur findet man Gott;
> und Eines so muß der werden,
> der Gott finden soll (...).
> So gänzlich sollte der Mensch dem Einen
> mit vereint sein, welches Gott ist.
> Meister Eckehart*

Wer, wie ich, die Erde durchstreift, begegnet am Ende jedem. Und fast alle, die ich treffe, scheinen sich auf einer geistigen Suche zu befinden oder ein wachsendes Verlangen danach zu verspüren. Der himmlische Jagdhund kläfft an ihren Fersen und drängt sie, sich ihrer geistigen Möglichkeiten bewußt zu werden.

Das Problem mit allen ist, daß sie alles ausprobieren. Was Kreativität und Einfallsreichtum betrifft, schlägt geistiger Wagemut alles.

Menschen meditieren, fasten oder beten, weil sie Kontakt zu Gott suchen. Sie machen absonderliche Versprechungen – sich von Sex, Kalorien und Komfort zu verabschieden. Sie werden verrückt oder manisch, entwickeln sich zu Fanatikern, bringen ihre Gedanken zum Schweigen, schalten den Verstand aus und hoffen, Gott werde die entstandene Leere schon ausfüllen.

Sie laufen über glühende Kohlen, hocken im Schnee, zählen ihre

---

* Vom edlen Menschen. Sermon über Lukas 10,38, zit. aus: Meister Eckehart: *Schriften*, Düsseldorf/Köln 1959, S. 248.

Atemzüge, wirbeln in Ekstase herum, unternehmen Pilgerreisen zu Stätten, auf die Gott und/oder seine Inkarnationen angeblich ihren Fuß setzten. Sie probieren Religionen aus, die von den Bekenntnissen, in deren Geist sie erzogen wurden, so verschieden wie möglich sind, sie begeben sich auf geistige Einkaufstouren, verdrehen ihren Körper zu unbequemen Stellungen und wechseln die Namen.

Meist rufen sie lautstark Gott an und bitten den Allerhöchsten, sich endlich in ihrem Leben zu zeigen.

Ich kritisiere solche Praktiken nicht; ich selber habe sie alle ausprobiert. Und lachen Sie nicht – Sie haben es, wenn auch vielleicht auf andere Art, ebenfalls getan.

Es gibt viele Anzeichen, die darauf hindeuten, daß Sie sich auf einer geistigen Suche befinden, selbst wenn Sie ihr eine andere Bezeichnung gegeben haben:

Fragen Sie sich jedesmal, wenn Sie an einem Bücherstand vorbeigehen, ob sich heute die Wahrheit auf den Regalen findet?

Wie viele Bücher mit dem Wort *Seele* im Titel haben Sie in diesem Jahr gekauft?

Sind Sie immer gerade auf dem Sprung zu einem Seminar oder suchen Zuflucht in einer kirchlichen Einrichtung?

Ist Ihre Wohnung voll mit Bildern von Engeln – Postkarten, Statuen, Büchern, Kerzen?

Haben Sie einen Akupunkteur, einen Massage-Therapeuten und ein Medizinschränkchen voller Zusätze?

Nehmen Sie bei Grippe lieber Vitamine und Echinacea* statt der gängigen Marken-Antibiotika?

---

* *echinacea*; Igelkopf, bis zu einem Meter hohe, staudenförmige Pflanze.

Kaufen Sie in Reformhäusern ein?

Haben Sie schon daran gedacht, Vegetarier zu werden?

Sind Sie aus der Softball-Liga ausgetreten und haben sich für einen Joga- oder Tai Chi-Kurs angemeldet?

Surfen Sie im Internet?

Erwischen Sie sich dabei, daß Sie Ihre Lektüre verstecken, wenn Verwandte ins Zimmer kommen, auch wenn das Buch nicht im entferntesten mit Sex zu tun hat?

Haben Sie sich scheiden lassen, weil Ihr/e Ehepartner/in einfach nicht auf derselben Wellenlänge war wie Sie?

Finden Ihre Kinder Sie seltsam?

Besitzen Sie lauter CDs mit monotonen Gesängen und dem Klang von Trommeln und keltischen Harfen?

Schauen Sie sich ständig Fernsehsendungen über mythische Helden, das Weltall, Unsterbliche und Parapsychologie an?

Überkommt Sie manchmal ganz plötzlich unerklärliche Freude?

Lesen Sie dieses Buch?

Wenn Sie irgendeine der obigen Fragen mit Ja beantworten können, dann haben Sie sich aller Wahrscheinlichkeit nach auf etwas versteift! Und Sie hätten auch allen Grund dazu, denn die Komplexität der heutigen Zeit scheint eine Vertiefung unserer Natur zu erfordern, wollen wir überleben. Vertiefung jedoch verlangt Erkundung.

Und Erkundung führt uns wegen ihrer mannigfachen Seitenwege letzten Endes zum geistigen Ursprung unserer Existenz.

Seit den Tagen von Platon, Buddha und Konfuzius vor ungefähr 2 500 Jahren haben geistige Sehnsüchte keine solche Konjunktur erlebt. Wie damals, ereignet sich die Explosion von Spiritualität auch heute auf vielen Kontinenten in unterschiedlichster Gestalt.

Auch wenn die Spielarten zeitgenössischer religiöser Erfahrung verschieden aussehen oder klingen mögen, haben sie im Kern eine Überzeugung gemeinsam. Längere Seminare beende ich oft gern mit einem Spiel, das diese Übereinstimmung demonstriert. Es heißt »Sind Sie Gott, der sich versteckt hält?«.

Ich bitte alle Anwesenden, die Augen zu schließen und so lange im Seminarraum umherzulaufen, bis jeder zwangsläufig mit irgend jemandem zusammenstößt. Der Betreffende wird sodann gefragt: »Sind Sie Gott, der sich versteckt hält?«

Die angesprochene Person antwortet mit derselben Frage: »Sind Sie Gott, der sich versteckt hält?«

Die Seminarteilnehmer spielen dieses Spiel ein paar Minuten lang, stellen jedesmal die gleiche Frage und erhalten jedesmal die gleiche Antwort.

Eine Person jedoch, die ich, wenn alle anderen die Augen geschlossen haben, bestimme, indem ich ihr die Hand feste auf den Kopf lege, ist tatsächlich »Gott, der sich versteckt hält«.

Wenn jemand auf diese Person stößt und fragt: »Sind Sie Gott, der sich versteckt hält?«, erwidert diese Person nichts. Durch das Schweigen wird der Fragesteller gleichfalls »vergöttlicht« und bleibt fortan ebenfalls stumm.

Es dauert nicht lange, und im ganzen Raum herrscht absolute Stille. Ich habe erlebt, wie sich das Stimmengewirr von fünfhundert Menschen in angeregter Unterhaltung in weniger als einer Minute in absolutes Stillschweigen verwandelte – so rasch macht »Vergöttlichung« die Runde.

Nachdem das Schweigen sich vertieft hat, sage ich: »Öffnen Sie jetzt die Augen und blicken Sie auf all die Götter, die sich nicht mehr länger versteckt halten.«

Aller Augen öffnen sich gleichzeitig. Menschen schauen einander an. Zuerst herrscht Stille, dann schnappen alle vor Staunen und Überraschung nach Luft. Erkenntnis durchflutet den Raum. Augen leuchten. Gelächter setzt ein. Menschen umarmen sich. Für ein paar Augenblicke sind die Menschen vom grauen Star in ihren Köpfen geheilt und erblicken jeder des anderen Wahrheit.

Dieses einfache, aber aufschlußreiche Spiel – ein Gott-Spiel, wenn Sie so wollen – schöpft aus einer Tradition, die sich auf jedem geistigen Weg findet – in Judentum, Islam, Christentum, Buddhismus und Hinduismus ebenso wie im Glauben von Naturvölkern.

Alle Traditionen behaupten, wenngleich mit jeweils anderen Worten, übereinstimmend, daß in jedem Menschen ein himmlischer Same ruhe, eine göttliche Wesenheit, die durch geistige Übung zum voll ausgereiften Ausdruck des inwendigen göttlichen Stoffes verwandelt werden könne.

Die für das Wachstum dieses himmlischen Samens empfohlenen Praktiken variieren ebenso von Kultur zu Kultur und von Mensch zu Mensch – Joga, Meditation, kontemplatives Gebet, bewußtes Nachdenken – wie die zahlreichen oben erwähnten Erkundungen des Göttlichen.

Aber alle Wege scheinen eines gemeinsam zu haben, daß nämlich geistige Entwicklung zusätzlich zu den nach innen gerichteten Übungen einfache Akte des Mitfühlens und Dienens erfordert, die auf Erkenntnis der göttlichen Präsenz in allen Lebewesen und dem Wunsch beruhen, dem Gott im anderen zu dienen.

Ein berühmtes buddhistisches Gemälde von Himmel und Hölle zeigt anschaulich, warum es wichtig ist, anderen zu dienen. In der Hölle sitzen die Menschen bei einem Festmahl mit herrlichen Speisen und mit Löffeln, die so lang sind, daß sie niemals ihren Mund erreichen können. Im Himmel sitzen Menschen bei derselben Art von Bankett und benutzen die langen Löffel, um sich gegenseitig zu füttern.

Der Glaube an eine göttliche Wesenheit als Fundament der Realität ist überdies nicht ausdrücklich auf religiöse Wege beschränkt. Wissenschaftler mit spiritueller Neigung erklären die Realität in Wendungen, die sich nicht sonderlich von denen unterscheiden, derer Mystiker sich bedienen.

Während Mystiker von Schritten auf dem Weg zur Vereinigung mit dem Unendlichen sprechen, reden Wissenschaftler von den Frequenzbändern des Bewußtseins, von denen einige dem Universalen Sein näher seien als andere.

Spekulative Wissenschaftler benutzen oft die Metapher des Hologramms, um den Standort der Menschheit im Weltgeist zu verdeutlichen. Jeder Teil eines Hologramms enthält ein Bild des Ganzen. Wenn Sie ein hologrammatisches Bild auseinanderbrechen und eines der Bruchstücke mit einem besonderen Laserstrahl durchleuchten, erhalten Sie wieder das ganze Bild.

Spirituell gesprochen, könnten wir uns den Menschen als Bruchstück des großen Hologramms der Realität vorstellen. Scheint das richtige Licht des Bewußtseins durch uns hindurch, reflektiert jeder von uns das Ganze – Seestern und Mammutbaum und eine in den Pyrenäen herumspringende Bergziege.

Jener Brief, den Sie Ihrer Großmutter nie geschrieben haben, und ein Bindfadenknäuel, das in der Kajüte eines Bootes in Bangkok herumrollt.

Andere Galaxien und das kleine Mädchen, das gerade eben entdeckt, daß es lesen kann.

Laufende Pferde an einem Strand in Arabien und der Witz, den Sie neulich abends gehört haben.

Die in den Winterbäumen erwachenden Triebe und das Verlangen Gottes nach jedem von uns...

Das ist ja alles ganz schön und gut, sagen Sie vielleicht an dieser Stelle, aber was hat das alles mit mir zu tun? Ich habe nie im Leben über das Ganze nachgedacht, geschweige denn über Pferde, die über einen arabischen Strand galoppieren! Ich will lediglich wissen, wer und was ich wirklich bin, das ist alles.

Dieses Verlangen, unsere wahre Natur kennenzulernen, ist allgemein. Wir alle sind ein wenig wie der Philosophiestudent, der das Büro seines Professors betritt. Seine Augen sind vor Erschöpfung rot umrändert, die Augenbrauen gerunzelt vor lauter beunruhigenden Gedanken. Zitternd und von Angst geschüttelt, nähert er sich seinem grauhaarigen Mentor. »Bitte, Herr Professor, ich habe eine Frage, die mich bei lebendigem Leib verzehrt. Ich muß es wissen! Herr Professor, existiere ich?«

Der Professor wendet sich mit vernichtendem Blick zu ihm um und erwidert: »Wer will das wissen?«

Wir erinnern uns, daß der heilige Franz von Assisi das Problem auf ähnliche Weise formulierte, als er über das Ziel der geistigen Suche schrieb, der Schauende sei der, nach dem wir schauten.

Letzten Endes geht es im Leben ausschließlich darum, herauszufinden, wer schaut. Glaubt man den Mystikern, dann ist die Antwort selber ein Rätsel, das auf die Unendliche Antwort hindeutet. Der mittelalterliche Autor Meister Eckehart läßt Gott selber zu uns sprechen. Da er für uns Mensch geworden sei, so Gott, täte der Mensch ihm unrecht, wenn er für ihn nicht Gott würde.

Um uns zu helfen, die tiefe Kluft zwischen dem göttlichen Ich und unserem begrenzten lokalen Ich im Bewußtsein zu überbrükken, versuchen Sie sich einen Moment lang vorzustellen, wie es wäre, die Realität vom göttlichen Standpunkt aus zu erleben.

Was würden wir wahrnehmen, wenn wir auf einmal die Perspektive wechseln und ALLES sein könnten, und dieses ALLES würde uns erleben statt andersherum?

Wären wir von dem Wissen durchdrungen, das unser lokaler Verstand nur eine Verengung universalen Bewußtseins ist?

Wüßten wir zweifelsfrei, daß die unserem endlichen menschlichen Ich zugrundeliegende Basis das unendliche göttliche Ich ist, der Große DER, der sich selber unter dem Namen Robert oder Margaret, Jean oder Frank in einem interessanten Winkel von Raum und Zeit, Geist und Körper emporschwingt?

Sehr kleine Kinder scheinen das Geheimnis auf ihre eigene Art zu kennen:

»Von wo bist du gekommen, süßes Kind?«
»Von überall her nach hierhin.«

Ebenso wie Kinder haben auch geistig Suchende im Laufe der Jahrhunderte stets vermutet, daß das Ich-Werden etwas ist, was die Unendlichkeit aus reinem Vergnügen tut. Dem endlichen menschlichen Ich liege, so lehrten sie auf ihre jeweils besondere Art, ein unendliches Bewußtsein zugrunde, ein Großer Der, der sich selber durch den Geist und den Körper jenes Emporschwingens von Sein in Raum und Zeit erlebe, das »Du« bzw. »Sie« genannt wird!

Und was noch wichtiger ist, das himmlische Ich im Inneren ist ein natürliches Geburtsrecht, das mit dem Menschwerden einhergeht. »Vertrauter als das Atmen, näher als Hände und Füße«, heißt es in den heiligen Schriften über die Anwesenheit des Göttlichen im menschlichen Leben.

Könnten wir uns dessen nur eine Minute lang absolut sicher sein, könnten wir nur unsere Grenzen niederreißen, den grauen Star im Kopf loswerden, es wäre, als erwachten wir aus einem Traum.

Alles wäre von gewaltiger Klarheit und Lebendigkeit erfüllt – Menschen, Bäume, Felsen, Düsenflugzeuge, unser eigener Körper.

All diese Dinge erschienen so perfekt miteinander verbunden, daß wir wüßten, wir befänden uns in Gegenwart eines künstlerischen Meisterwerks.

Wir empfänden überwältigende Dankbarkeit für die schlichte Gewöhnlichkeit der Dinge – die Sommersprossen eines Kindes, den Geschirrabwasch, das Geräusch von Milch, die in ein Glas fließt.

Als ich mich näher mit Suchenden befaßte, die dieses Erlebnis hatten, oder mich mit ihnen unterhielt, erzählten sie mir von einer Freude, die jedes Begriffsmögen übersteige, von einer ungeheuren Welle schöpferischer Kraft, von sprunghaft gewachsener Freundlichkeit und Toleranz, die aus ihnen leidenschaftliche Meister der Vebesserung von allem, Brückenbauer, Magneten für Lösungen, Friedensstifter und Pfadfinder mache.

Am besten aber ist, daß andere Menschen in ihrem Umfeld sich bereichert und gestärkt fühlen. Jeder, den sie berühren, wird mehr, weil sie selber mehr sind.

Wie können wir dieses Wunder in uns selber vollbringen? Wie können wir unser natürliches Geburtsrecht auf geistige Gegenwart bekräftigen? Was hält uns von mystischem Wissen ab?

Ich möchte Ihnen vom grauen Star erzählen. Ich mußte mir kürzlich einen grauen Star vom linken Auge entfernen lassen – meine erste und bislang einzige Operation. Der Übergang vom sehr dunklen Sehen durch ein stark getrübtes Glas zum ziemlich guten Sehen veranlaßte mich, über den grauen Star nachzudenken, der jeden menschlichen Blick trübt.

Der Dichter sagt, unsere Geburt sei nichts anderes als ein Vergessen des Himmels, der unser Zuhause sei. Ich habe das verzückte Lächeln auf den Gesichtern von Babys gesehen und glaube nicht, daß sie viel vergessen haben.

Trotzdem, während wir wachsen, wächst auch der grauer Star. Schule, Geschwister und Gesellschaft scheinen die brillante Optik, die wir alle für Gott-zentriertes Wissen in uns verankert haben, allmählich immer undurchsichtiger zu machen.

Pathologien entspringen im Umfeld dieser undurchsichtigen Optik – mentale und emotionale Wahnvorstellungen, enttäuschte Lebenserwartungen, all die unausweichlichen Neurosen des Erwachsenendaseins. Mit zunehmendem Alter wird uns der Appetit des Endlosen Ich auf Wunder und Freude gleichgültiger.

Doch irgendwie können wir uns erinnern. Genau das hat Sie auf dieses Buch gebracht – der Versuch, sich zu erinnern. Beim Arbeiten mit verschiedenen Ebenen des Ich sind Sie weit herumgekommen und haben Verfahrensweisen erlernt, die imstande sind, den grauen Star, der das Erinnerungsvermögen trübt, aufzulösen.

Im Reich der Sinne haben Sie der Wahrnehmung neue Türen geöffnet. Im Reich der Psyche haben Sie die seelischen Partner entdeckt, die in der Lage sind, Sie mit größerer schöpferischer Kraft und meisterhaftem Geschick zu verbinden. Im Reich der Mythen und Symbole haben Sie auf dem Wege über die persönlichkeitsverändernden Abenteuer der Heldenfahrt nach einer klareren Vorstellung von Ihrem Leben gesucht.

Jede Sphäre hat ihr Teil dazu beigetragen, die Gewohnheiten des Bewußtseins abzubauen, die für den grauen Star im Kopf verantwortlich sind. Wenn Sie auf all diesen Ebenen auch künftig an sich arbeiten, werden Sie den grauen Star noch oftmals verlieren.

Doch nun haben wir die letzte Schwelle erreicht. Hier heißt es, so zu lernen, daß wir den grauen Star künftig vermeiden und wieder so werden, wie wir wirklich sind.

Um das Folgende so intensiv wie möglich zu erleben, stellen Sie bitte eine Pflanze oder eine Vase mit Blumen in Ihrer Nähe auf und suchen Sie eine Aufnahme mit rhythmischer, tanzbarer Musik aus, am besten etwas mit Schlagzeug und ausgeprägtem, perkussivem Beat. Legen Sie auch ein paar Zeichen- oder Mal-Utensilien bereit.

Wieder stehen Sie also am Fuß des Berges, bereit, zu Ihrer letzten Reise aufzubrechen. Diesmal schließt sich Ihnen der Freund, Ihr Wesenhaftes Ich, schon frühzeitig an, denn er kennt den Weg so, wie weder Sie noch ich ihn kennen.

Während Sie über den gewundenen Pfad bergauf wandern, bemerken Sie viele kleine Dinge, die Ihnen früher nicht aufgefallen sind. Wie die brausenden Wasser des Baches sich über dem Gestein kräuseln. Den Wurm auf dem Weg, den Sie aufheben und am Rand wieder absetzen. Die blaue Eierschale eines frisch geschlüpften Vogels.

Offenbar herrscht Frühling, und als der Wald einer hochgelegenen Wiese weicht, sind Sie von einem Meer wilder Blumen umgeben. Schließlich stehen Sie auf dem Gipfel, wuchten die Steintafel zur Seite und betreten den Berg. Von ganz weit unten dringt Wasserrauschen zu Ihnen herauf.

Im Inneren des Berges marschieren Sie in Windungen rasch nach unten. Als Sie am Eingang zur sinnlichen Sphäre vorübergehen, bemerken Sie einen in die Tür eingelassenen kleinen Brunnen, der kaltes, klares Wasser spendet. Sie trinken davon und fühlen sich seltsam gekräftigt, als erwachten Sie aus einem langem Schlaf.

Als Sie weiter hinabsteigen, erreichen Sie den verspiegelten Eingang zur psychologischen Sphäre. Jetzt reflektiert der Spiegel nur Ihr Gesicht und Ihren Körper im augenblicklichen Zustand. Irgendwie macht dieser Anblick sie außerordentlich zufrieden.

Sie marschieren weiter nach unten und erreichen den Eingang zur mythischen Ebene. Diesmal ist die hölzerne Tür vollkommen glatt, keine Schnitzereien, keine Symbole. Die blanke Oberfläche wartet auf die Einprägung einer neuen – Ihrer – Geschichte.

Der Weg wird nun sehr viel steiler, und das Geräusch eines Wasserfalls wird immer lauter. Schließlich erreichen Sie ihn, eine glänzende Wand aus Wasser, der Eingang zum Reich des Geistes.

Als Sie und Ihr Freund unter dem Wasserfall hindurchgehen, spüren Sie, wie Sie bis auf die Haut durchnäßt werden und Ihr gesamtes Dasein gereinigt wird. Trauer und Kümmernisse Ihres Lebens scheinen davongewaschen zu werden, und Ihr Geist ist so klar und leuchtend wie die Morgenröte am Himmel.

Vor Ihnen befindet sich ein riesengroßes, strahlendes Gebilde, scheinbar eine Rose. Von Ihrem Standort aus können Sie sowohl die innersten Blütenblätter als auch die Blätter am äußeren Rand erkennen. In manchen Überlieferungen trägt diese Rose den Namen »Weiße Rose des Empyreums«*, in anderen »Rose der Vereinigung mit dem Göttlichen«.

»Was ist das für eine ungeheure Rose?« fragen Sie den Freund. »Was bedeutet sie?«

»Die Rose«, antwortet der Freund, »war immer schon Symbol der Schönheit und des Lebens, der Liebe und der Freude – all der Eigenschaften der Verbundenheit und Vereinigung mit dem Göttlichen Geliebten. Aber vergiß nicht, daß jede Rose bei all ihrer Schönheit ringsum mit Dornen bewehrt ist. Der Weg der Bewußtseinserweiterung ist häufig beschwerlich, schmerzhaft und steckt voller Herausforderungen. Aber wenn du einmal den Ort erreicht hast, an

---

* Empyreum; im Weltbild der antiken Philosophie und der Scholastik der höchste Himmel, Bereich des Feuers und des Lichts und Heimat der Seligen.

dem du nicht mehr länger blind für Gott bist, stößt du auf die Rose, das Sinnbild der Liebe, welche die verstreuten Blätter deines Lebens und des lebendigen Universums zusammenhält.«

Ein Wohlgeruch entströmt der Rose jetzt, so süß, so voll mit dem Wesen all dessen, was Ihnen am Herzen liegt, daß Sie nicht widerstehen können und näher herantreten.

Gemeinsam mit dem Freund schlüpfen Sie durch eine Öffnung in einem der äußeren Blütenblätter. Zwischen den Schichten der einzelnen Blätter windet sich ein Pfad ins Innere, welcher der Spiralform der Rose folgt.

Rings um Sie herum ragen die zarten Blütenblätter empor, weiß und leuchtend, sprühend vor Lebenskraft. Selig angesichts der Schönheit des Seins im Innern der Rose, merken Sie, wie Sie mit jedem Schritt mehr erwachen.

Sie hören den Klang vieler Stimmen, die so wunderschön singen, daß Sie sich fragen, ob es sich um einen Engelschor handelt. Eine Ewigkeit stehenzubleiben und zu lauschen wäre nicht zu lang.

Aber Ihr Freund drängt Sie vorwärts: »Folge mir, und ich werde dich ein paar Freunden von mir vorstellen.«

Der Freund erklärt außerdem, daß der Weg zu Orten des Lernens und Nachdenkens führe. Jedem dieser Orte stehe ein großer Lehrer vor, der aus der Vielfalt geistiger Erfahrung eine einzige repräsentiere. Jeder von ihnen könne eine einzigartige Sicht auf das diesseitige Leben des Geistes vermitteln.

Als Sie weiter spiralförmig ins Innere vorstoßen, verschlägt es Ihnen die Sprache angesichts der reichen Möglichkeiten, die das geistige Leben bietet. Ein paar Lehrer erkennen Sie auf Anhieb, und Sie sehen, daß einige Ihrer Freunde bereits mit ihnen lernen.

Da sind Buddha und der heilige Franz von Assisi, die heilige Theresia von Ávila und Julian von Norwich. Da sind Moses und Jesaja, Maimonides, Mahavira und Konfuzius. Da sind Jesus und seine Mutter Maria, Mohammed, William Blake, Sojourner Truth und Dag Hammerskjöld. Da ist der bedeutende Hindu-Weise Ramakrishna, und auch Madame Blavatsky ist da, ebenso wie eine weise Afrikanerin, zu ihrer Zeit berühmt für ihre Gabe des Heilens.

Die Namen vieler Lehrer, an denen Sie vorübergehen, sind Ihnen jedoch unbekannt, obwohl Sie sehen können, daß sie alle Rassen und Zeitalter repräsentieren. Manche scheinen zu den Native Americans, den australischen Aborigines und zu südpazifischen Völkern zu gehören, andere zu afrikanischen und südamerikanischen Völkern. Alle sind darin vertieft – manche mit sichtlichem Vergnügen –, ihren Schülern Weisheit zu vermitteln.

Der Freund führt Sie nun in einen herrlichen Garten im Inneren eines Blütenblatts der Rose. Er ist reich an Blumen und Bäumen und Pflanzenwuchs jeder Art. In der Mitte befindet sich ein Brunnen, aus dem so funkelnd klares Wasser sprudelt, daß es den Anschein hat, als handele es sich um das Wasser des Lebens selbst.

Der Garten sei, erklärt der Freund, ein universelles Symbol geistigen Lebens. Weisheit und Verständnis blühten im inneren Garten als Früchte und Blumen der Seele.

Jemand befindet sich in diesem Garten – eine Frau in mittelalterlichem Nonnenhabit. Sie beugt sich über eine der Pflanzen und untersucht sie aus der Nähe. Sie hören sie mit hoher, reiner Stimme singen:

Ich aber bin jener Lufthauch, der alles Grüne nährt und die Blüten sprießen läßt mit ihren reifenden Früchten. (...) Auch bin ich jener Regen, der aus dem Tau herweht, durch den alle Kräuter mich anlachen zu fröhlichem Leben. *

Die Frau bemerkt Sie und spricht mit einer Stimme wie in dem Lied: »O, seien Sie willkommen! Sie haben Ihren Freund mitgebracht. Bitte kommen Sie hierher, Sie beide. Ich möchte Ihnen die Grünkraft des Lebens zeigen.«

---

* Hildegardis »Bingensis«: *O Grün des Fingers Gottes.* Die Meditationen der Hildegard von Bingen/Dorothee Sölle, Wuppertal 1989, S. 24.

Während Sie auf sie zugehen, erklärt der Freund, daß dies die Mystikerin, Wissenschaftlerin, Philosophin, Dichterin, Prophetin, Malerin, Musikerin, Botanikerin und Naturliebhaberin sei, die heute unter dem Namen Hildegard von Bingen bekannt sei. Im 12. Jahrhundert sei sie Äbtissin des Klosters Rupertsberg bei Bingen am Rhein gewesen.

Mutter Hildegard überreicht Ihnen ein Blatt.

»Dieses Blatt kann Kopfschmerzen heilen«, sagt sie Ihnen, »aber schauen Sie, wie es auch das Wunder Gottes widerspiegelt. Hier in den sich verzweigenden Adern des Blattes ist die unverfälschte Handschrift Gottes. Ein Blatt ist eine Welt im kleinen, ein Baum Allen Lebens.

So, wie das Blatt von der Grünkraft in den Adern genährt wird, werden alle Dinge durch Strukturen lebender Kraft genährt. Bäume, Pflanzen und Mineralien, sogar Tiere, werden von Energieströmen wie denen in diesen Blättern erhalten.

Aber Gott hat auch Strukturen geschaffen, die verschiedene Formen des Lebens miteinander verbinden. Gott hat alles so eingerichtet, daß jeder Teil der Schöpfung mit allem anderen verbunden ist.«

»Ich kann verstehen, wie die Natur miteinander verwoben ist«, erwidern Sie, »aber als menschliches Wesen fühle ich mich oft von all dem abgeschnitten.«

Mutter Hildegard nickt traurig. Plötzlich hellt sich ihr Gesicht auf, und sie sagt: »Dann lassen Sie sich von mir einladen, so zu empfinden, wie ich empfinde, so zu erleben, wie ich erlebe. Ich hatte Glück. Ich lebte im üppigen, grünen Rheintal, wo das Grünen der Welt und der Seele überall offensichtlich war. Vielleicht kann ich Ihnen zeigen, was ich meine. Würden Sie mich für eine Minute Ihre Hand halten lassen?«

Sie legt Ihre Hand in die Ihre, und Sie spüren die rauhe, starke Handfläche von jemandem, der Jahre seines Lebens mit Garten- und Feldarbeit zugebracht hat.

Im Nu merken Sie, wie eine andere Art von Energie – Seelenenergie – Sie durchströmt. Es ist die Energie von jemandem, der eingewilligt hat, Gottes Augen, Gottes Sinne, Gottes Arbeiter auf Erden zu sein. Der ermüdende graue Star verschwindet, und Sie sehen den Garten so, wie Mutter Hildegard ihn sieht – frisch, unverdorben, neu erschaffen.

Mutter Hildegard spricht, und Sie folgen ihren Theorien.

»Kind, weißt du, daß wir alle lebende Arme von Gottes eigenem Körper sind? Spüre jetzt, wie die erfrischende Kraft dich durchströmt wie die erwachenden Triebe im Frühling.

Um Mitarbeiter Gottes zu sein, müssen wir zum blühenden Obstgarten werden. Um zu blühen, müssen wir jedoch zuerst das schöpferische Potential in unserem Innern kennenlernen. Wir stecken im Gerüst der Schöpfung. Der Kosmos selbst ist in unsere menschliche Gestalt eingebettet. Sei nun diese Schöpfung, Ja, sei diese Schöpfung.

Strecke deine Hand über den Garten aus und sprich mit mir: ›Ich bin das glühende Leben göttlicher Weisheit. Ich entfache die Schönheit der Ebenen. Ich bringe die Wasser zum Sprühen. Ich brenne in der Sonne, im Mond und in den Sternen. Ich bin der wehende Wind, die milde, feuchte Luft, das köstliche Grünen von Bäumen und Gräsern. Ich schmücke die Erde. Jede Schöpfung wird nun von der widerhallenden Melodie meines Wortes angerufen, beflügelt und erweckt.‹ Sprich das Wort jetzt.«

»Sein!«

Das Wort *SEIN* tönt durch den Garten und hallt wider wie das Schlagen eines menschlichen Herzens.

»Dies, mein Kind, ist himmlisches Wissen«, sagt Mutter Hildegard leise.

»Im Interesse menschlichen Wissens«, fährt sie fort, »wollen wir uns nun die Zeit nehmen, dieses Blatt näher in Augenschein zu nehmen.«

Schauen Sie sich nun, von Hildegards Worten inspiriert, die Pflanze oder Blume an, die Sie zu Hause zur Hand haben. Studieren Sie sie von allen Seiten. Berühren Sie sacht die Oberfläche und spüren Sie die Grünkraft. Fühlen Sie, wie sie die Erde liebt und sich reckt, um der Sonne zu huldigen.

Greifen Sie jetzt zu Ihren Kunst-Utensilien und skizzieren oder malen Sie die Pflanze oder Blume – aber nicht nur ihre äußere Gestalt, sondern auch ihre Lebenskraft. Wenn Schreiben Ihr Medium ist, schildern Sie sie mit Worten und schreiben Sie vielleicht so, als seien Sie die Blume selbst. Stellen Sie sich dabei vor, die Pflanze oder Blume kommuniziere mit Ihnen und helfe mit, ihrem Wesen nach besten Kräften Ausdruck zu verleihen. Spüren Sie, wie sie sich durch Sie malt oder beschreibt.

Als Sie fertig sind, spricht Mutter Hildegard wieder. »Jedesmal, Kind, wenn du innehältst, um die Natur näher zu untersuchen, segne sie. Vergiß nicht, alle schöpferische, alle keimende Kraft ruht in dir, denn du bist von Gott und von der Erde. Die Erde ist die Mutter alles Natürlichen, alles Menschlichen. Bleibe saftig. Bleibe der Erde verhaftet. Bleibe grün... und, vor allem, lache viel und bleibe gutgelaunt.«

Nachdem Sie Mutter Hildegard gedankt haben, gehen Sie mit dem Freund auf dem gewundenen Pfad tiefer in die Rose hinein.

Von Ferne hören Sie Trommelklang, der stärker wird, je weiter Sie in das Innere der Pflanze vordringen. Kurz darauf erreichen Sie die Quelle der Musik, einen afrikanischen Schamanen und geistigen Lehrer, der auf einer Lichtung im Dschungel hockt und auf einer riesigen Stammestrommel einen packenden Rhythmus schlägt.

Der Schamane ist ein korpulenter Mann in einem gestreiften, bunt geblümten Kaftan mit einer passenden Kappe auf dem Kopf.

»Ist er nicht cool?« fragt Ihr Freund, als Sie voller Staunen zuschauen, während Ihr Körper im Takt zu pulsieren beginnt.

Auf Ihren verdutzten Gesichtsausdruck bei dem Wort *cool* hin erklärt der Freund, daß *cool* sich unter den Völkern Westafrikas auf jenen Funken schöpferischen oder geistigen Raffinements beziehe, der einem Menschen unter Druck Würde, königliches Auftreten, künstlerische Brillanz und einen edlen Sinn verleiht. Dieser Mann besitze zweifellos leidenschaftliche Kunstfertigkeit und ein leidenschaftliches Bewußtsein.

Seine geistige Lehre sei die Trommel mit ihrem Takt. Von allen Musikinstrumenten sei die Trommel das am meisten mit mythischen Vorstellungen aufgeladene. Ihr Schlag symbolisiere den Dialog zwischen Materie und Geist, zwischen menschlichem Bewußtsein und dem Rhythmus der natürlichen Welt. Trommeln kündeten von Geistesblitzen, vom unermeßlichen Strömen der göttlichen Stimme, welche die menschliche Seele zu großartigerem Werden aufrufe.

In Afrika und anderen schamanischen Kulturen, erklärt der Freund, sei die Trommel das Instrument der Verzückung und Zwiesprache. Die Trommel erlaube uns, in unserer Psyche »gen Süden zu ziehen« und die bequemen Kategorien, die uns auf gehörige Distanz zur ehrfurchtgebietenden Macht des Geistes halten, aufzulösen. Wenn das Trommelfell des Ich klopfe und pulsiere, werde die große Kluft zwischen »Ich« und »Nicht-Ich« überbrückt. Die menschliche Welt und die Welt des Geistes begegneten sich in einem übernatürlichen Strom »cooler« Ekstase.

Der Schamane ruft nach Ihnen, wobei seine Stimme die Kadenz der Trommel nachahmt. »Komm. Tanze. Öffne dich dem Rhythmus. Deinen Körper. Deine Seele. Bald wirst du selber Geist werden. Wer nicht tanzt, kennt Gott nicht.«

Tanzen Sie als Antwort auf diese Aufforderung eine Weile zu dem ausgeprägten Rhythmus der Musik, die Sie sich ausgesucht haben, oder klatschen Sie, wenn Ihnen das lieber ist, zur Begleitung in die Hände. Während Sie sich bewegen, spüren Sie, wie der Geist sich in Ihnen bewegt. Wenn Sie im Rhythmus bleiben, werden Sie nach einer Weile nicht mehr wissen oder sich nicht mehr darum kümmern, wo der Geist beginnt und wo Sie aufhören, und es wird Sie auch nicht mehr interessieren, ob es überhaupt irgendeinen Unterschied macht, so erfüllt sind Sie von seliger und freudiger Verzückung.

Allmählich begreifen Sie, wie die Trommel der Schlüssel zu geistiger Begegnung und Tanz ihr Instrument sein kann. Auf diese

Weise meditieren heißt tanzen, loslassen, zulassen, daß die Pforten des Ich sich öffnen.

Sollten Sie den Eindruck gewinnen, daß dieser Weg der richtige für sie ist, nehmen Sie sich jeden Tag ein wenig Zeit und fordern Sie den Geist zum gemeinsamen Tanz auf. Wählen Sie ganz im Bewußtsein der geheiligten Natur Ihres Tuns die passende Musik aus und widmen Sie den Tanz der Zwiesprache mit dem Geist. Vielleicht möchten Sie auch selber mit dem Trommeln anfangen, um die Verbindung auf diese Weise zu fördern.

Sie verlassen jetzt den Trommelplatz und setzen Ihre Reise ins Innere der Rose fort, bis Sie schließlich zu einem herzförmigen Tor gelangen.

»Hier ist der Eingang zum Pfad der Liebe«, erläutert der Freund. »Hinter diesem Tor findest du die Offenbarung des Herzens – die Offenbarung, daß es die Liebe ist, die dich Gott und der Schöpfung am nächsten bringt. Liebe öffnet dein Herz, so daß die ganze Welt hineinströmen kann, um liebend umsorgt zu werden.«

Beim Betreten des Tors zum Herzen begrüßt Sie ein verzückter, bärtiger Mann in weißer Hose, gepunkteten Schuhen, mit einem Turban auf dem Kopf. Während er Sie stürmisch umarmt, erzählt er Ihnen von einem seltsamen Rumoren im Kopf, von fliegenden Vögeln, und er fragt, ob der, den er liebe, überall sei.

»Ja, Meister Rumi«, erwidert der Freund, »der, den Ihr liebt, ist überall.«

Der Freund stellt Sie Dschelaladdin Rumi vor, dem persischen Mystiker, der im 13. Jahrhundert in der Türkei lebte und lehrte. Sein Weg ist der Weg des Herzens, und seine geistige Übung besteht darin, sich wahnsinnig in den Göttlichen Geliebten zu verlieben. »Er hat eine Menge Gedichte über diese Liebesaffäre geschrieben«, erklärt der Freund.

Rumi lacht, dreht sich ein bißchen und gibt eine Kostprobe:

Arbeit, Werkstatt und Beruf
         sind verbrannt in Liebe;

Verse aus der Poesie
>	*sind erlernt in Liebe.*
Liebe unsre Seele ist,
>	*unser Herz und Auge;*
Seele, Auge, Herz – die drei –
>	*sind verspielt in Liebe.* *

»Ich kann mir nicht helfen, Freund«, erklärt Rumi. »Ich bin das Faustpfand meiner Inspiration.«

O krankes Herz, nun wisse:
>	*die Zeit des Heils ist da;*
Sei glücklich, denn du siehst es:
>	*der Augenblick ist da.*
Der Freund, der seinen Freunden
>	*zu ihrem Heile dient,*
Ist in die Welt gekommen
>	*als Mensch – der Freund ist da.* **

»Was er sagt, ist wahr«, fährt Ihr Freund fort. »Meister Rumi hat Tausende von Gedichten geschrieben – Vierzeiler, Oden, Ghasele, eine besondere persische Form der Dichtkunst, und sogar ein gewaltiges geistiges Epos. Ihren honigsüßen Zeilen entströmt ein wahrer Taumel enzyklopädischen Wissens. Rumi kennt das Ganze ebenso wie die Teile. Der Weg geistiger Liebe hat dafür gesorgt, daß er in Harmonie mit dem Gefüge-das-Alles Leben-Verbindet lebt. Durch die Liebe zum Göttlichen Geliebten sind sein Verstand und seine Seele auf alles aufmerksam geworden, was in der inneren und in der äußeren Welt erkannt werden kann. Das gleiche kann der Weg der Liebe auch für dich leisten.«

---

* Galal-al-Din Rumi: *Vierzeiler*. Ausgew., aus dem Pers. übertr. und erl. von Gisela Wendt, Amsterdam 1981, S. 97, E 336 a 6 (*Castrum Peregrini* 146/147, Jg. 30).
** Ebd., S. 83, E 329 b 6.

»Wie gelange ich denn dann auf diesen Weg des Herzens?« fragen Sie.

Rumi ist nur zu gern bereit, Ihnen zu zeigen, wie Sie anfangen können. Er fordert Sie auf, sich neben ihn auf ein besticktes Seidenkissen zu setzen, und lehrt Sie eine Übung, derer sich die Sufis, muslimische Mystiker, bedienen. Sie nennen sie *dhikr*.

»Dies«, sagt Rumi, »ist die *dhikr* der Zwiesprache mit Gott, dem Geliebten.

Atme tief ein und denke gleichzeitig an die Anwesenheit Gottes als den Geliebten deiner Seele. Erzeuge sodann beim Ausatmen tief in der Kehle drei Töne, die genau in der Mitte der Brust entspringen, dort, wo dein Herz sitzt. Der Ton, den du produzierst, ist ›HMMM, HMMM, HMMM‹.

Achte auf die Vibration in der Brust, während du diesen Ton erzeugst. Jedesmal, wenn er entsteht, solltest du das Gefühl haben, als hieltest du Zwiesprache mit der Gottheit, der Vorstellung oder der Idee oder was auch immer du als Geliebten deiner Seele verstehst. Für Christen ist es vielleicht die Vereinigung mit Christus. Für Buddhisten vielleicht die Buddha-Natur.

Du mußt spüren und daran glauben, daß der Eine, der die Liebe selbst ist, mit dir Zwiesprache hält und dich liebt, während du diese Übung ausführst.

Wisse außerdem, daß dieses tiefe Summen das ultimative Geräusch ist. Es ist das Geräusch von Säuglingen an der Mutterbrust. Es ist das Geräusch beim Lieben. Es ist seit uralten Zeiten tief in unseren Köpfen verankert. Es ist das Geräusch von Wellen, die nach ihrer langen Reise über den Ozean auf die Küste treffen.

Bleibe sehr konzentriert, wenn du mit jedem Atemzug die drei HMMMs machst. Vergiß nicht, daß der Geliebte sich genauso nach dir sehnt, wie es dich nach ihm verlangt.

Wenn du diese Übung in formeller Sufi-Manier absolvieren möchtest, sprich während eines Zyklus aus dreiunddreißigmal Ausatmen jedesmal drei HMMMs – neunundneunzig gesprochene HMMMs.

Die Übung läßt sich gut beschließen, indem man dem Geliebten Anerkennung zollt und ihm seine Verehrung zeigt. Du tust dies, indem du dich von der Taille aus dreimal langsam und tief verbeugst. Erst vor dem Geliebten in deinem Inneren. Dann vor dem Geliebten in anderen. Und schließlich vor dem Geliebten-Der-Ist. Sitze anschließend still und meditiere über deine Erlebnis.«

Probieren Sie nun, inspiriert von Rumi, diese Übung aus. Atmen Sie im Gefühl göttlicher Gegenwart ein und atmen Sie mit drei tief aus Ihrem Innern erklingenden HMMMs aus. Wiederholen Sie das Ganze mehrmals. Wenn Sie schließlich verstummt sind, verbeugen Sie sich tief vor dem Geliebten, setzen Sie sich und besinnen Sie sich still auf die Vereinigung mit dem Liebhaber von Allem.

Die *dhikr* der Zwiesprache ist eine äußerst wirksame Übung, denn wenn der Klang der süßen Vereinigung sich mit dem Gefühl göttlicher Gegenwart verbindet, hilft sie, negative Verhaltensmuster und giftige Gedanken zu stoppen.

Als Sie aufstehen, um zu gehen, erblicken Sie in der Ferne Rumi, wie er für den Geliebten wirbelnd tanzt und dabei von seiner Seele singt, die sich in die Seele des Geliebten ergieße und mit ihr verschmelze, denn sie habe seinen Duft aufgenommen, der ihm lieb und teuer sei.

Sie verlassen den Ort des Herzens und setzen Ihre Reise ins Innere der Rose fort, angezogen von etwas, das anscheinend das Bild eines großen offenen Auges ist. »Das offene Auge«, sagt Ihnen der Freund, »ist immer mit dem Erwachen verbunden. So wie das physische Auge die Verlängerung des Gehirns ist, so wird das geistige Auge, von dem man oft glaubt, es befinde sich in der Mitte der Stirn, als Symbol geistigen Sehvermögens begriffen.

Im Zuge des Erwachens verschmelzen das physische und das innere, geistige Auge. Diese Vereinigung von innerem und äußerem Blick ist es, die Jesus meint, wenn er sagt: ›Wenn dein Auge lauter ist, so wird dein ganzer Leib licht sein.‹ (Mt. 6,22).«

Als Sie näher kommen, sehen Sie, daß sich im Innern des Auges ein schliches Zimmer befindet, in dem ein Mönch in einfacher grauer Kutte vollkommen still dasitzt und auf eine leere weiße Wand starrt. Der Freund sagt Ihnen, daß dies der als Roshi Dogen bekannte, verehrte Zen-Meister ist, der im 13. Jahrhundert in Japan lebte.

»Er ist bekannt für die unvermittelte und überraschende Art, in der er seine Ansichten vorträgt. Geh und sprich jetzt mit ihm«, drängt der Freund, »er hat seine Meditation beendet.«

Sie treten näher und verbeugen sich vor Roshi Dogen. Er erwidert die Verbeugung. Mit stockender Stimme bitten Sie ihn, Sie an seiner höchsten Lehre teilhaben zu lassen.

Als Erwiderung nimmt Roshi Dogen einen Pinsel, taucht ihn in ein Tintenfaß und schreibt ein einziges Wort auf die weiße Wand: *Aufmerksamkeit.*

»Natürlich«, sagen Sie, »aber da gibt es doch sicher noch etwas anderes?«

Roshi Dogen lächelt, nickt, nimmt wieder den Pinsel und schreibt: *Aufmerksamkeit.*

»Also kommen Sie«, protestieren Sie, »das kann doch nicht alles sein. Was ist noch wichtig?«

Wieder lacht der Roshi, wendet sich erneut zur Wand und schreibt noch einmal: *Aufmerksamkeit.*

Jetzt lesen Sie die ganze Botschaft: »Aufmerksamkeit, Aufmerksamkeit, Aufmerksamkeit.«

Wie Sie während der Besuche in anderen Gegenden des inneren Berges bereits festgestellt haben, meint *Aufmerksamkeit,* daß man jeglichem Ding – sinnlichen Eindrücken, Erinnerungen und Emotionen, Geschichten – mit wachem Verstand begegnet. Aufmerksamkeit hilft, den Autopiloten abzuschalten und ganz für die Herrlichkeit des Augenblicks da zu sein.

Während Sie den wachen Verstand trainieren, müssen Sie anfangs vielleicht mehrmals am Tag innehalten und sich die Lehre von Roshi Dogen ins Gedächtnis rufen: »Aufmerksamkeit. Aufmerksamkeit. Aufmerksamkeit.« Allmählich jedoch wird Ihnen der wache Verstand zur Gewohnheit, und sowohl die Welt als auch Ihr Verhältnis zu ihr ändern sich.

»Ich habe ein paar Ideen, wie ich daran arbeiten könnte, in meinem äußeren Leben aufmerksamer zu sein«, sagen Sie zu Roshi Dogen, »aber mein Kopf ist so beschäftigt, daß ich mich in meinen Gedanken und Gefühlen verliere. Was kann ich dagegen tun?«

Zur Antwort deutet Roshi Dogen auf den blauen Himmel. Dann auf eine vorüberziehende Wolke. Dann wieder auf den blauen Himmel. Er gibt Ihnen mit der Hand ein kleines Zeichen, auf den blauen Himmel zu achten. Er bedeutet Ihnen, sich neben ihn zu setzen. Als Sie es tun, spüren Sie, wie sich seine Zen-Lehre unaufdringlich auf Sie überträgt.

Eine Weile sitzen Sie, sich im Gleichmaß Ihrer eigenen Atemzüge wiegend, schweigend da, in einem Zustand friedvoller Gelassenheit. Ihre Sitzhaltung ist würdevoll und distanziert, Sie wirken wie ein aus der Ebene aufragender Berg oder ein majestätisch in einem Wald gelegener Tempel. Sie sind in der Erde verwurzelt, während ihr Geist im Himmel weilt.

Stellen Sie sich nun vor, Ihr Verstand sei ein klarer, blauer Himmel. Wenn Ihnen Gedanken durch den Kopf gehen, denken Sie, es seien Wolken, die am Himmel Ihres Bewußtseins vorüberziehen. Beobachten Sie, wie sie weiterziehen, aber hängen Sie sich nicht an sie oder folgen ihnen. Während die Wolken vorüberziehen, richten Sie Ihren ruhigen Blick einmal mehr auf die Klarheit und Reinheit des blauen, wolkenlosen Himmels...

Während Sie diese einfache Meditation ständig wiederholen, erneuern Sie Ihren Körper und Ihre Art zu denken. Die Belastungen des Lebens können Ihnen allmählich immer weniger anhaben. Kreative Möglichkeiten werden freudig begrüßt. Innere Ruhe und geistige Klarheit werden zu einer Seinsweise.

Nachdem Sie sich in tiefer Dankbarkeit für seine Lehre vor dem Roshi verbeugt haben, verlassen Sie das Tor des offenen Auges.

Zusammen mit dem Freund laufen Sie zu einem Ort, an dem tiefe Stille herrscht. Es gibt kein Geräusch, kein Licht, kein Berühren, weder Geschmack noch Geruch, und doch scheint alles gerüstet, sich aus einem tiefen, undurchdringlichen Schweigen heraus zu entfalten. Es hat den Anschein, als seien auch Sie Teil dieses Schweigens, in dem alles zur Ruhe gekommen ist.

Nachdem Sie sich ein paar Minuten in dem Schweigen ausgeruht haben, erhebt sich eine Stimme in Ihrem Innern: »Laß den Großen Freund jetzt erscheinen.«

Wer oder was als Reaktion auf diese Bitte erscheint, kann ich nicht sagen, denn der Große Freund erscheint jedem Menschen in anderer Gestalt. Manchen mag er als Engel erscheinen. Anderen als Personifizierung des Christ-Bewußtseins oder der Buddha-Natur.

Wieder andere erblicken den Großen Freund vielleicht im Gewand eines klassischen Gottes oder einer klassischen Göttin oder in einer der Formen des Göttlichen Weiblichen – Mutter Erde, weise Sophia, gnädige Kwan Jin. Und es kann sein, daß Sie überhaupt nichts sehen, sondern lediglich ein Geräusch hören oder eine Berührung, eine Vibration, ein Gefühl von Anwesenheit verspüren.

Wie auch immer der Große Freund Ihnen erscheint, denken Sie daran, daß diese innere geistige Gestalt ein Teil von Ihnen ist, ein Bewohner Ihres inneren Seins, der stets abrufbar ist, um geistige Orientierung zu geben.

Vielleicht möchten Sie sich jetzt direkt mit Ihrem Großen Freund unterhalten. Hinsichtlich dessen, was Sie möglicherweise fragen oder sagen möchten, kann ich nur Vorschläge machen.

Vielleicht möchten Sie fragen, wie man ein Leben echter Aufmerksamkeit gegenüber der geistigen Realität führen kann. Achten Sie genau auf die Antwort, damit Sie lernen, die wahre Stimme geistiger Weisheit von den Einflüsterungen des Ego zu unterscheiden.

Um zu testen, ob die Stimme, die Sie hören, echt ist, prüfen Sie sorgfältig den Rat, den sie erteilt. Erscheint er Ihnen selbstverherrlichend? Deutet er beispielsweise an, daß Ihr geistiges Leben auf dem richtigen Wege ist, sobald Sie in der Lage sind, Menschen zu heilen, den richtigen Ehepartner zu finden oder Überschwang zu zeigen?

Wenn ja, dann seien Sie auf der Hut. Sie hören möglicherweise die Stimme des geistigen Materialismus, der mit vornehm klingen-

Begeisterung für das Mögliche

den Wendungen Talente verschleiert, die in Wirklichkeit nur Ihrem persönlichen Vorteil dienen.

Schlägt die innere Stimme Ihnen hingegen Verhaltensweisen vor, die anderen nutzen, und Seinsweisen, die Sie freundlicher, mitfühlender und empfänglicher für den Kummer der Welt und die Erkenntnis des himmlischen Samens in anderen Menschen machen, dann ist die Stimme, die Sie hören, wahrscheinlich vertrauenswürdig.

Sie möchten sich bei Ihrem inneren Führer vielleicht auch nach der Weiterentwicklung Ihrer eigenen geistigen Übungen erkundigen. Nachdem Sie ein paar Varianten ausprobiert haben, besitzen Sie jetzt möglicherweise eine klarere Vorstellung davon, wofür Sie am besten geeignet sind, für die Zwiesprache mit der Natur, für Malerei, Dichtkunst, Tanz, Trommeln oder für stilles Meditieren.

Vielleicht ist Ihre Übung eine Kombination aus alledem, ergänzt um weitere Aktivitäten, von denen nur Sie wissen. Fragen Sie Ihren inneren Führer, was Sie jeden Tag tun oder wie Sie Ihre augenblicklichen Übungen verbessern sollen. Achten Sie auf die Vorstellungen, die Ihnen durch den Kopf gehen.

Ihr innerer Führer kann Ihnen auch helfen, wenn Sie wissen möchten, wie Sie sich zu Hause einen geweihten Bereich schaffen sollen. Sie könnten sich veranlaßt sehen, einen kleinen Tisch oder die Oberfläche einer Kommode mit Hilfe natürlicher Objekte – einer Pflanze, Blumen in einer Vase oder einem speziellen Stein – zu einem Altar umzufunktionieren.

Vielleicht möchten Sie sogar Bilder oder Symbole dazustellen, die eine Beziehung zu geistigen Kräften oder Gestalten haben, die Ihnen eine Menge bedeuten – das Bild eines Engels, einer Gottheit oder eines geistigen Lehrers, eine Figur oder eine kleine Statue, eine Muschel, eine Kerze.

Sie könnten sich auch nach Möglichkeiten erkundigen, mit dem Geist zu kommunizieren. Vielleicht schlägt Ihr Großer Freund Ihnen vor, in Ihrem Tagebuch täglich einem geistigen Führer zu schreiben.

Ich selber habe jahrelang am Computer einer inneren Führerin geschrieben, die für mich die Gestalt der griechischen Göttin Athene annahm. Am faszinierendsten war, daß Athene immer antwortete. Obwohl ich beide Seiten des Dialogs »schrieb«, schien es oftmals so, als habe mein lokaler Verstand eine Brücke zum Großen Geist geschlagen und als übersteige das, was »zurückgeschrieben« wurde, das, was ich zu wissen glaubte.

Der Große Freund kann Ihnen auch raten, ein geistigeres Leben zu führen, ein Leben, dessen alltägliche Verrichtungen durch Aufmerksamkeit gegenüber dem Ursprung ihre Weihe erfahren.

Vielleicht wird Ihnen geraten, sich vorzustellen, daß mit dem Wasser aus Ihrer Dusche Wohltaten und reinigendes Licht herabströmen, so daß nicht nur körperliche Verunreinigungen fortgewaschen, sondern auch Gefühle, Gedanken und Geist erfrischt werden.

Vielleicht werden Sie angestoßen, Mahlzeiten künftig zum Anlaß zu nehmen, Dank abzustatten und des Lebens ganze Fülle in all ihren Formen zu preisen.

Der Große Freund weiß auch, wie Sie der Anwesenheit des Göttlichen in Ihrem Leben am besten Dauer verleihen können.

Vielleicht werden Sie auch daran erinnert, daß Christen das Jesusgebet im Geiste so lange wiederholen, bis es ihnen beinahe ständig durch den Kopf geht: »Herr Jesus Christus, erbarme Dich meiner.« Oder daß Buddhisten sich bei einem Mantra wie »Om mani padme hum« genau derselben Technik bedienen.

Fragen Sie den Großen Freund nach Ihrem Mantra und seien Sie nicht überrascht von der Antwort.

Entsinnen Sie sich der Geschichte von der jüdischen Großmutter, die mit Joga begann und anfing, ein Mantra zu singen. Irgendwo hatte sie die Vorstellung aufgeschnappt, daß ein Mantra »indianisch« sein müsse.

Als ihr gebildeter, feinsinniger Enkel sie besuchte, war er sprachlos und mehr als ein bißchen amüsiert, als er sie »Cheyenne... Cheyenne« singen hörte.

»Hör zu, Schatz«, erwiderte sie, als er ihr sagte, daß es kein Lied aus Indien gewesen sei, was sie angestimmt hatte, »für mich ist es indisch, und für mich funktioniert es!«

Weil der Teil des Gehirns, der fürs Überleben zuständig ist, uns wachsam gegenüber Gefahren macht, neigen wir stark dazu, bei negativen Gedanken und Empfindungen zu verweilen. Mantras, Gesänge und *dhikr* erfüllen unsere Köpfe hingegen mit positiven Vorstellungen und Emotionen und verjagen Angst, Wut, Argwohn, Eifersucht und andere negative Zustände.

Stellen Sie Ihrem Großen Freund vor allem die Frage, die immer aufkommt, wenn wir uns in einem Zustand positiver Zwiesprache mit dem Geist befinden: Welchen Dienst kann ich der Welt erweisen?

Wenn nicht gleich eine Antwort kommt, schauen Sie sich einfach um, sehen Sie sich an, was getan werden muß, und tun Sie es!

So einfach ist das.

Dienst am Nächsten oder soziales Engagement – ob es sich darum handelt, einen Freund zu trösten, oder die Redwood-Bäume zu retten – halten ihre eigenen Lehren bereit, und es sind weit mehr Lehren als alle, die Sie in diesem oder irgendeinem anderen Buch finden.

Diese Arten geistiger Arbeit zielen ebenso wie andere Übungen, die der Großer Freund Ihnen jetzt oder später vorschlagen könnte, stark darauf ab, Sie vom grauen Star im Kopf zu befreien und Ihr Höheres Ich leuchten zu lassen.

Ihr Freund bringt Sie nun zu einem Pfad, der Sie mitten ins Zentrum der Rose führt. Sie treten ein in eine verwirrende Dunkelheit, in der anscheinend alles enthalten ist.

Sie brauchen nur an etwas zu denken, und schon kommt es zum Vorschein. Sie befinden sich im Geist des Schöpfers – in der Schöpferischen Kraft im Zentrum alles Existierenden.

Realitäten gleiten hindurch – Sterne und Seesterne, Eisberge und Eiskrem, Gebirge und Microchips, Delphine und Gänseblümchen. Die Schöpfung in ihrer unendlichen Fülle.

Alles durchdringend und allem zugrundeliegend, alles erschaffend und alles erhaltend: die Gegenwart der Liebe.

Liebe, die zärtlich und wütend ist, immer verlangend und höchst vollkommen.

Liebe, die im Innersten brennt, uns ins Geheimnis lockt, ungeschicktes Benehmen verzeiht, uns zu Größe aufruft.

Liebe, die aufsteigendes Gebet und herabkommende Gnade ist.

Liebe, welche die Sonne und alle Sterne bewegt.

Liebe, die der Herzschlag der Ewigkeit im Diesseits ist.

In der Gegenwart solcher Liebe reißt Ihr Herz seine Festungsmauern ein, so daß der Geliebte eintreten kann.

Fürs erste hat Ihre Suche ein Ende. Sie sind zu Hause, daheim an einem geweihten Ort, der immer schon in Ihnen war. Sie hatten einfach den Weg dorthin vergessen.

Hier, in Ihrem Zuhause, ruhen Sie sich am Herd der Liebe aus. Wie niemals zuvor, verstehen Sie jetzt, daß Ihr Herz zum Großen Herzen gehört. Ihr Geist zum Großen Geist. Ihre Seele zur Großen Seele.

Sie und Alles sind zu in Wasser geflossenem Wasser geworden.

Sie und das Göttliche sind ein einziger Geschmack geworden.

»Ich danke dir«, flüstern Sie, denn erwiesene und empfangene Dankbarkeit steht hier im Mittelpunkt von allem.

✶ ✶ ✶

Ihr Besuch in der geistigen Sphäre geht zu Ende. Nein, er beginnt, denn von diesem Augenblick an haben Sie stets Kontakt, sind Sie immer zu Hause.

Beim Verlassen des Zentrums der Rose gehen Sie und der Freund denselben gewundenen Weg zwischen den himmlischen Blütenblättern hindurch zurück. Ein Wölkchen aus geistigen Pollen haftet an Ihnen, eine Gabe vom Zentrum der Schöpfung, dem Zentrum der Rose. Die leichte Klebrigkeit macht Ihnen klar, daß Sie von nun an stets bereit sein werden, von der unendlichen Energie des Geistes bestäubt zu werden.

Sie treten die Reise zurück in Ihr Alltagsleben an und durchschreiten den Wasserfall, der den Eingang zum Reich des Geistes markiert.

Beim Marsch über den steilen Pfad nach oben erreichen Sie die Tür zum Reich der Mythen und Symbole. Die Geschichte Ihrer Zukunft ist in sie eingeritzt. Verweilen Sie ein paar Minuten bei den wechselnden Bildern und warten Sie ab, welche Geschichten auftauchen. Wenn Sie sich fragen: »Was wird geschehen, wenn ich diesen Weg einschlage?«, antwortet die mythische Tür vielleicht mit Bildern Ihrer Lebensreise in Form von Geschichten und Symbolen.

Beim weiteren Anstieg über den gewundenen inneren Pfad erreichen Sie die Spiegeltür zum Reich der Psyche. Sie starren hinein, sehen aber weder Gesicht noch Gestalt, nur Licht. Nach Ihrem Besuch in der geistigen Sphäre sind Sie von Licht erfüllt.

Sie erreichen die Tür zum Reich der Sinne. Feierliche Musik hallt von dort Ihnen zu Ehren wider.

Mit federndem Schritt marschieren Sie weiter aufwärts, bis Sie durch den Eingang des inneren Berges wieder hinaus ins Freie klettern. Als Sie die Steintafel hochheben, um die Öffnung abzudecken, stellen Sie zu Ihrer Freude fest, daß Sie die Inschrift nun lesen können:

Jetzt bist du mehr.

Die tägliche Leidenschaft pflegen

Jetzt ist die Katze aus dem Sack. Mit geschärften Sinnen und psychisch gerüstet, mit einem mythischen Pfad unter den Füßen und der Unermeßlichkeit des Geistes, der alles in Liebe festhält, kann Ihr Leben Ihr Kunstwerk sein, Ihre großartige Schöpfung, Ihre alltägliche Leidenschaft.

Sie haben einen weiten Weg zurückgelegt, um hierhin zu gelangen. Ihr sehnsüchtiges Warten auf etwas oder jemanden, das oder der Sie heimbringt zu Ihrem wahren Wesen, kam Ihnen aller Wahrscheinlichkeit nach so lang vor wie mehrere Leben.

Nun haben Sie die Wahl. Das Zuhause, nach dem Sie sich gesehnt haben, war immer schon in Ihnen. Denken Sie zurück an Ihre Reisen – an die inneren Landschaften, die Sie erforscht haben, die besonderen Menschen, denen Sie begegnet, die sinnlichen und emotionalen Reichtümer, derer Sie teilhaftig geworden sind, die Geschichten, die Sie zu Ihren eigenen gemacht haben, an den Schöpfer, von dem Sie entdeckten, daß Sie selber es sind. Ihr großartiges inneres Königreich ist Ihr Geburtsrecht, Ihr herrliches Erbe.

Jetzt müssen Sie den Boden Ihrer Seele nur weiter bestellen. Genausowenig, wie Sie die Saat, die Sie in der Hoffnung ausgebracht haben, sie möge Gemüse, Obst und Blumen hervorbringen, vernachlässigen würden, müssen Sie sich um den Garten Ihres Werdens kümmern und ihn hegen und pflegen.

Wie können Sie das bewerkstelligen? Stellen Sie erstens dieses Buch nicht irgendwo in ein Regal. Lassen Sie es draußen, dort, wo Sie es nicht übersehen können. Werfen Sie, so oft Sie können, zum

Spaß und zur Entspannung einen kurzen Blick hinein, nehmen Sie es aber auch zur Hand, um zu lernen, zu heilen, anderen zu dienen. Stellen Sie es sich vor wie einen Reiseführer für den Weg nach Hause, mit brauchbaren Karten und Übersichten, was wo ist und wie man von A nach B gelangt.

Begeben Sie sich an einem Tag, an dem Sie sich matt fühlen, in die sinnliche Sphäre und polieren Sie Ihre Sinne auf, bis sie glänzen. Treffen Sie sich mit Köchen und Musikern, Malern und Schnüfflern und mit jenen, für die Berühren der Weg zur Seligkeit ist. Lassen Sie sich von diesen inneren Führern die Welt in ihrer ganzen Herrlichkeit zurückgeben.

Sollten Sie sich krank fühlen, schwatzen Sie wieder mit dem inneren Heiler und entdecken Sie neue Wege zur Gesundheit. Erinnern Sie sich an die kluge und bereitwillige Mannschaft, über die Sie immer schon verfügten, der Sie jedoch selten begegnet sind. Halten Sie sich vor allem an den Freund, Ihr Wesenhaftes Ich, denn er weiß, wer Sie wirklich sind und was noch aus Ihnen werden kann.

Werden Sie mythisch, wenn Sie sich niedergeschlagen fühlen und es Ihnen an Entschlossenheit mangelt! Lassen Sie sich von Ihrem Gedächtnis eine Geschichte präsentieren, eine, die Sie vielleicht schon kennen, oder eine, die Ihr Gedächtnis enthüllt, und begeben Sie sich mit ihr auf den sicheren Weg zu Abenteuer und Verwandlung. In Ihrem Innern ruhen tausend heldenhafte Geschichten. Kehren Sie mit dem Wissen ins Leben zurück, daß Sie eine großartige Geschichte leben, deren nächstes Kapitel sich just in diesem Augenblick entfaltet.

Und wenn der Geist ruft, antworten Sie. Die geistige Sphäre ist der Ursprung aller anderen. Dort kehren Sie zum Ort des Herzens im Grunde Ihres Zuhauses zurück. Dort erfahren Sie Verstärkung, und Sie erhalten das Modell wie den Zweck, die Ihren höheren Nutzen in der Welt bestimmen.

Jetzt besitzen Sie Begeisterung für das Mögliche. Jetzt können Sie das Leben leben, das Sie leben sollten. Also tun Sie es einfach!

Danksagung

Ausgangspunkt für dieses Buch war eine einstündigen Fernsehsendung für PBS.* Denen, die diese Sendung produziert und mitentwickelt haben, Catherine Tatge, Dominique Lasseur und Kenneth Cavander, bin ich äußerst dankbar, daß sie gemeinsam mit mir so lange und hart daran arbeiteten, etwas zu schaffen, was zu einem ungewöhnlichen und provokativen Stück Fernsehen wurde.

Danken möchte ich auch Joe Durepos, der mich drängte, dieses Buch zu schreiben, und der es zur richtigen Zeit den richtigen Leuten genau auf die richtige Art präsentierte. Seine Energie und Hingabe sind sagenhaft. Brenda Rosen, meine hervorragende Lektorin im Hause, gab permanent Anregungen und Rückmeldung, als wir gemeinsam daran arbeiteten, einen beziehungsreichen Weg zu finden, die Arbeit und Forschung von drei Jahrzehnten zu präsentieren. Ohne ihre Einsichten und Kritik wäre dieses Buch sehr viel ärmer.

John Loudon, mein Lektor bei HarperSanFrancisco, sorgte für eine treffende und strenge Textredaktion und achtete darauf, daß ich den Faden wiederfand, wenn ich weit abschweifte, wie es meine Art ist. Seine Kollegin Karen Levine war immer zur Stelle, wenn ich Hilfe und Informationen brauchte. Und Priscilla Stuckey bleibt die beste Manuskriptredakteurin, die ich kenne. Im Gegensatz zu anderen Verlagen hält HarperSanFrancisco seine Autoren immer über alle

---

* *Public Broadcasting Service*, ein Netzwerk nichtkommerzieller Sender in den USA mit Schwerpunkten in den Bereichen Erziehung und Kultur.

Entwicklungen auf dem laufenden und beteiligt sie intensiv am Herstellungsprozeß für ein gutes Buch.

Peggy Nash Rubin sorgte für Klarheit bei der Gestaltung des Manuskripts und steuerte das ihr eigene besondere Genie bei. Meine Geschäftsführerin Fonda Joyce und meine Assistentin Marie Joerss waren bereitwillige und wertvolle Versuchskaninchen für das hier präsentierte Material. Ich danke ihnen besonders für ihre ungekünstelte und erfrischende Reaktion auf obskure Themen. Auch den Schülern des Jahrgangs 1997 der Mystery School bin ich dankbar. Sie waren die ersten, denen ich die hier vorliegenden Ergebnisse meiner Arbeit mit den vier Ebenen des Bewußtseins präsentierte und die sie ausprobierten. Ihre Resonanz war von unschätzbarem Wert. Und wie bei fast all meinen früheren Büchern lieh Betty Rosenberg auch der Vertiefung und Verfeinerung dieses Buches ihr scharfes Auge und feines Ohr.

Und schließlich gilt mein großer Dank meinem Mann Robert Masters für seinen Einfallsreichtum in Gedanken, Worten und Taten.

Econ & List

Phyllis Krystal
Frei von Angst und Ablehnung
Lösen aus kollektiven Bindungen
256 Seiten
TB 18004-5

Wie können wir unsere Angst vor anderen Menschen oder gesellschaftlichen Gruppierungen überwinden? Wie uns von Abhängigkeiten und Vorurteilen lösen, die uns im Umgang mit anderen einschränken? Wie schließlich unsere Kinder vor falschen Bindungen und Ängsten bewahren? Phyllis Krystal gibt in ihrem Buch Antwort auf all diese Fragen. Bereits in ihrem ersten Buch »Die inneren Fesseln sprengen« zeigte sie einen einfachen und effektiven Weg, durch Schulung der Imagination individuelle Schranken zu überwinden. Nun überträgt und erweitert sie ihre bewährte Methode auf kollektive Bindungen. Entfalten Sie Ihr Inneres mit Hilfe der inneren Visualisierung! Halten Sie sich an Ihr Selbst, an Ihr »Höheres Bewußtsein«. Dann werden Sie und Ihre Kinder zu einem selbstbestimmten Leben finden – frei von falschen kollektiven Bindungen.

Merilyn Tunneshende

Träume den Traum des Schamanen

Die wahre Geschichte einer spirituellen Heilung in den Tempeln der Maya

200 Seiten

TB 18006-1

Schon seit frühester Kindheit wird Merilyn von visionären Träumen begleitet. Sie ahnt, daß sie eine Mission zu erfüllen hat. Doch erst als ihr Freund stirbt, wagt sie den Aufbruch zum Ort ihrer Träume: den Tempelstädten der Maya. Inmitten der Ruinen von Palenque eröffnet sich ihr eine Welt zwischen Vision und Realität. Begleitet von einem Schamanen erfährt sie die mächtige Wirkung spiritueller Heilkräfte. Sie entdeckt auch an sich selbst die natürliche Gabe, Energien zu sehen und zu lenken. Doch muß sie den uralten Lehren der Schamanen gemäß erst den Tod gesehen haben, um andere heilen zu können. Voller Entsetzen stellt sie fest, daß sie selbst an einem tödlichen Virus leidet. Und sie weiß: Nur wenn ihr die Transformation in einen anderen Energiestatus gelingt, wird sie die Krankheit auf immer besiegen. Die faszinierende Geschichte einer körperlichen und spirituellen Heilung, erfüllt von schamanischem Wissen.